교회와 함께 읽는 신명기

이 희 성

그리심

교회와 함께 읽는 신명기

2012년 7월 15일 초 판 1쇄 인쇄
2012년 7월 20일 초 판 1쇄 발행

저 자 • 이 희 성
발행인 • 조 경 혜
발행처 • 도서출판 그리심
156-763 서울시 동작구 사당5동 196인정 B동(B01)

등록번호 • 제 7-258호(1998. 4. 23)
출 판 사 • 전화 523-7589 팩스 523-7590
홈페이지 • http://grisim.biz
전자우편 • grisimcho@hanmail.net

값: 표지 뒷면에

ISBN 978-89-5799-304-0 93230

이 희 성

인하대학교(B.S)
총신 대학원 (M. Div.)
Reformed Presbyterian Theological Seminary (M.Div.)
Trinity Evangelical Divinity School (Th.M. 수학, Ph.D.)

박사 학위 논문으로는 "이사야 40-66장에 나타난 종들의 기업: 텍스트 언어학적 접근 (The Inheritance of the Servants in Isaiah 40-66: Textlinguistic Approach)" 이 있다. 소논문으로는 "The Comparative Study between MT and LXX-Isaiah 60:1-12: An Example of the Translation Techniques of LXX-Isaiah" 외에 다수의 논문이 있다.

수년간 총신 대학교, 총신 신학대학원, 총신 일반대학원에서 구약학을 가르쳐왔고 현재는 새에덴 교회에서 신학 아카데미 원장 및 연구 목사로 섬기고 있고 총신 대학원에서 구약을 강의하고 있다.

머리말

필자는 본서를 집필하면서 가나안 땅을 앞에 두고 자신의 사역을 마무리해야 하는 하나님의 노종 모세의 간곡한 마음을 읽을 수 있었다. 이스라엘 백성들을 향해 하나님의 말씀이 생명이며 그 말씀에 순종하는 길이 축복의 길임을 외치고 또 외쳤던 모세의 그 목소리가 지금도 필자의 귓가에 메아리쳐 온다. 생명의 말씀은 과거, 현재, 아니 미래에도 하나님의 백성들의 영혼의 양식이며 생명의 보고이기에 시간과 공간을 초월해 우리를 향해 달려오고 있다. 그럼에도 불구하고 오늘날 교회와 성도들은 말씀의 생명력으로부터 점점 멀어져가고 있는 현실을 바라보게 된다.

본서는 그 동안 필자가 걸어온 학문적 여정과 오랫동안 교회를 섬기면서 가질 수 있었던 안목을 바탕으로 집필한 것이다. 필자가 신명기 연구에 첫 발을 디딘 것은 필자의 박사 학위 논문인 『이사야 40-66에 나타난 종들의 기업(The Inheritance of the Servants in Isaiah 40-66)』을 집필하면서 부터이다. 이사야 선지자가 약속한 종들의 기업의 회복은 신명기 신학을 이해하지 못하면 풀 수 없었던 주제였다. 필자가 선지서를 연구하고 강의하면서 신명기를 자꾸 펼쳐보게 되는 것은 구약 선지자들의 메시지가 주로 신명기 신학에 기반을 두고 있기 때문이었다. 총신 대학교 일반 대학원에서 석박사 과정의 학생들과 신명기를 함께 연구하면서 필자는 신명기의 아름다움에 흠뻑 젖었다. 또한 김정우 교수님과 총신에서 박사 과정 중에 있는 학생들과 함께 강화도의 한 기도원에서 밤낮으로 신명기를 원문으로 읽어 내려가면서 신명기의 깊은 세계에 더 깊이 들어 갈 수 있었다. 어느 날 두란노 생명의 삶 편집부에서 신명기 본문 해설을 요청해 왔다. 이때부터 필자는 그 동안 연구했던 신명기를 어떻게 교회와 성도들에게 적용시킬 수 있을까 고민하기 시작했다. 신명기를 해석하고 적용점을 묵상하면서 신명기는 오늘날 교회를 위한 책이며 구원 받은 성도들의 삶의 길잡이 역할을 해주는 보고임을 확신하게 되었다.

본서는 복잡한 비평 이론과 신학적으로 난해한 이슈들은 배제하였다. 단지 본문 이해를 위해 중요한 논점들과 고대 근동의 배경들은 각주와 짧은 해설로 대체하였다. 어떻게 하면 모세의 고별 설교가 현대 교회 안에서 다시 읽혀질 수 있고 성도들의 삶에 적용될 수 있을지를 이 책은 주로 다루고 있다. 바라기는 본서가 성경과 신학과 교회 사이의 괴리감을 좁혀주는 책이 되길 바란다.

먼저 부족한 자에게 이 책을 출간할 수 있도록 은혜를 베풀어 주신 하나님께 영광과 감사를 드린다. 이 책을 쓸 수 있도록 교회와 목회사역에 대해 새로운 안목을 가질 수 있도록 해주신 새에덴교회 소강석 목사님, 늘 변함없이 기도로 후원해주신 부모님, 옆에서 아낌없는 내조와 헌신으로 도와준 사랑하는 아내, 삶의 활력소가 되어준 두 아들 주호, 주성에게도 감사드린다. 이 책의 출간을 통하여 한국교회에 하나님의 말씀의 생명력이 넘쳐나길 원한다.

2012. 7. 1

새에덴교회 목회 연구실에서

저자 이 희 성

차 례

모세의 두 번째 설교: 언약 조약의 조항들 (4:44~28:68)

모세의 세 번째 설교: 역사적 재조명 (29:1~30:20)

결론적 내러티브 (31:1~34:12)

교회와 함께 읽는 신명기

모세의 첫 번째 설교: 역사적 서언 (1:1~4:43)

모세의 두 번째 설교: 언약 조약의 조항들(4:44~28:68)

모세의 세 번째 설교: 역사적 재조명 (29:1~30:20)

결론적 내러티브 (31:1~34:12)

신명기 서론

예수 그리스도께서 공생애 사역을 시작하시기 전에 광야에서 마귀에게 시험을 받으셨다. 마귀는 세 번이나 집요하게 시험했고 그 때마다 예수 그리스도는 구약의 신명기 말씀을 사용하여 마귀를 물리쳐 시험에서 승리하셨다. 하나님의 아들 예수 그리스도는 신명기를 익히 아셨고 자유롭게 인용하면서 삶의 현장에서 적용하셨다. 신약의 여러 저자들도 신명기를 직간접적으로 인용하고 해석하면서 복음의 진리를 제시하였다.

신명기의 히브리어 이름은 דברים(데바림, 말씀들)이나 영어이름은 Deuteronomy이다. 영어 이름은 신명기 17:18의 "이 율법서의 등사본"(משנה התורה הזאת, 미쉬네 하토라 하조트)을 칠십인경(LXX)에서 "이 두 번째 율법"(τὸ δευτερονόμιον τοῦτο, 토 듀테로노미온 투토)이라고 잘못 번역한데에서 기인하였다. 그러나 신명기는 하나님의 두 번째 율법이라기보다는 이스라엘 백성들의 광야 생활 역사의 요약이며 시내산에서 모세를 통하여 주신 율법의 갱신과 설명이다. 이 책은 이스라엘의 새로운 세대를 향한 하나님의 따뜻한 마음을 느끼게 해주며 또한 영광스러운 미래를 바라보게 한다. 행복하고 풍성한 삶을 위한 하나님과 이스라엘 백성들 사이의 아름다운 헌신과 약속이 그 안에 새겨져 있다. 모세는 출애굽의 다음 세대들을 위해 다시 한 번 하나님의 언약을 상기시키고 설명하기 위해 신명기를 기록했다. 신명기의 신학적 내용과 원리들은 수천 년이 지난 오늘날 교회의 성도들에게도 하나님의 말씀으로 적용된다. 예수 그리스도는 마가복음 12:29-31에서 성도가 들어야 할 신명기의 핵심내용을 잘 드러내셨다.

> 예수께서 대답하시되 첫째는 이것이니 이스라엘아 들으라. 주 곧 우리 하나님은 유일한 주시라 네 마음을 다하고 목숨을 다하고 뜻을 다하고 힘을 다하여 주 너의 하나님을 사랑하라 하신 것이요. 둘째는 이것이니 네 이웃을 네 자신과 같이 사랑하라 하신 것이라 이보다 더 큰 계명이 없느니라.(막 12:29-31)

역사적 배경

출애굽 1 세대들의 40년 광야 생활은 이제 막을 내렸고 그들 중 남아있는 모세, 여호수아 그리고 갈렙만이 과거 하나님의 구원과 시내산 율법수여의 영광스러움을 회상하고 있다. 이제 죽음을 바라보는 노년의 모세는 약속의 땅 가나안을 바로 눈앞에 두고 비장한 각오로 다음 세대의 백성들에게 설교를 한다. 이스라엘은 애굽의 New Kingdom (주전 1550-1069, 18-20왕조) 기간에 그 곳에 거했다. 아멘호텝 II(Amenhotep II)은 열 재앙을 경험한 바로 왕이며 그의 통치기간에 이스라엘은 출애굽할 수 있었다. 이스라엘 백성들의 출애굽 이후

아멘호텝 II의 고대 근동 지역에 대한 영향은 점점 약해져 갔다. 그 이후 투트모스 IV (Thutmose IV, 주전 1425-1417)와 아멘호텝 III(Amenhotep III, 주전 1417-1379)의 통치기간에는 팔레스틴 원정 전쟁을 멈추었고 이는 이스라엘이 가나안 땅을 차지할 수 있는 절호의 기회가 되었다. 신명기는 아마도 아멘호텝 III 의 통치 기간에 기록되었을 것이다. 출애굽의 초기 연대(주전 1446)를 기준으로 한다면 모세의 고별 설교는 대략 주전 1406년에 행해졌을 것이다.

문학적 배경

주전 2000년 경의 것으로 추정되는 고대 근동의 여러 법 문서들과 법전들의 고고학적 발견들은 신명기와 여러 가지 면에서 유사성과 또한 차이점들을 보여 준다 (예. 우르 남무의 수메르인들의 법 [주전2064-46], 리피트-이쉬타르 [주전 1875-64], 에쉰나의 고대 바벨론 법 [주전1850], 함무라비 법전 [주전1792-50]). 특히 고대 근동의 군신 조약은 성경의 언약, 특히 모세 언약과 신명기를 이해하는데 중요한 문학적 배경을 제공해 준다. 히타이트 왕 무르실리스(Mursilis)와 아무르(Amurru)의 두피-테숩(Duppi-Tessub) 사이의 조약 형식은 다음과 같은 점에서 신명기와 많은 유사성을 보여준다.

순서	묘사	신명기
전문(Preamble)	왕의 선포라는 형식으로 조약 전문을 소개한다. 조약을 선언하는 자의 신분과 권리를 소개한다.	1:1-5
역사적 서언 (Historical Prologue)	두 언약 당사자 사이의 과거 역사적 관계를 언급한다.	1:6-3:29
관계에 대한 진술 (Statement of Relationship)	종주가 조약에 대한 신실함의 대가와 중요성을 말하고 있다.	4-11장
여러 조항들 (Stipulations)	여러 의무 조항들을 소개한다. 군사적 신의와 동맹 관계, 도망친 노예와 탈주자들에 대한 처리, 왕위 계승에 대한 협력.	12-26장
증인들 (Witnesses)	주로 신들이 증인으로 소개된다. 신들이 봉신들의 충성도와 조항에 대한 순종여부에 따라 축복과 저주를 내린다는 것을 강조하기 위함이다. 그러나 신명기에는 신들의 목록이 없다. 오직 유일하신 하나님만 제시되기 때문이다. 신명기에서는 기념비, 모세의 노래, 증거의 책, 하늘과 땅이 증인으로 소개된다.	27:2-3 31:19,21,30 31:26;32:46 30:19;31:28 ; 32:1
축복과 저주 (Blessings and Curses)	조약에 대한 순종과 불순종에 대해 신의 반응을 소개한다.	28장

종교적 배경

신명기는 시내산에서 하나님과 이스라엘 백성들 사이에 맺은 언약을 갱신하고 기념한다. 모압 평지에 모인 온 이스라엘 백성들은 하나님의 사람 모세의 입에서 선포되는 설교에 귀를 기울이며 오직 하나님만을 섬길 것을 다짐한다. 약속의 땅 가나안에 들어가 풍성한 삶을 누리는 길은 유일하신 하나님의 율법을 지키며 순종하는 것이다. 백성들은 중앙 성소에서 하나님을 예배하고 그 한 분에 대한 사랑과 헌신의 마음과 더불어 제물을 드려야 한다. 신명기는 왜 그렇게 유일하신 하나님을 강조하는가? 당시 고대 근동의 종교는 다신론과 각종 우상들로 가득한 종교 다원주의 사회였기 때문이다. 고대 근동 사람들은 자녀를 불 가운데로 지나가게 하며 점쟁이, 요술가, 무당, 신접자, 초혼자, 박수들이 정치 지도자들뿐만 아니라 일반 백성들의 삶에도 깊은 영향을 미치고 있었다. 특히 가나안 거주민들은 바알 종교의 마법에 빠져 경제적 탐욕과 성적 쾌락을 추구하며 자신들의 바벨탑을 쌓아가고 있었다.

모세의 첫 번째 설교 : 역사적 서언
(1:1-4:43)

전문(1:1~5)

신명기는 모세가 요단강 동편 모압 평지에서 출애굽 2세대들인 이스라엘 백성들에게 전한 말씀이다. 1절에서 소개되는 도벨, 하세롯, 디사합과 같은 지명들의 정확한 위치는 아직도 분명하지 않으나 모세의 시대에는 일반적으로 알려진 장소였을 것이다. 2절은 호렙 산에서 세일 산을 지나 가데스 바네아까지는 단지 11일 거리였다고 소개하고 있다. 그러나 3절에서 모세가 여호와의 말씀을 백성들에게 전한 시점은 출애굽 40년 11월1일이라고 언급하고 있다. 이를 통해 백성들이 하나님의 말씀에 순종하였더라면 11일 도착했을 거리를 40년의 세월이 걸렸음을 암시적으로 소개하고 있다. 하나님의 백성들이 하나님의 말씀에 불순종하면 시간을 지연시키는 결과를 가져오며 불순종의 대가를 반드시 치르게 된다. 오랜 인생의 여정 가운데 시간을 단축시키는 지름길은 즉각적인 순종이다. 이스라엘 백성들의 가나안 행진을 방해한 대표적인 두 나라의 왕은 아모리 왕 시혼과 바산 왕 옥이었다. 그러나 하나님의 언약 백성들의 행진을 방해하는 자들을 하나님께서는 가차없이 제거하셨다(4절). 하나님의 언약백성들의 행진을 가로막는 적대 세력은 반드시 하나님께서 심판하신다. 그러므로 성도들은 담대하게 하나님의 약속의 말씀을 붙잡고 순종의 삶을 살며 전진해 나가야 한다. 이스라엘 선지자의 원조 격인 모세의 첫 번째 사명은 백성들에게 하나님의 말씀을 전하는 것이다. 이스라엘 백성들이 애굽 땅을 떠난 지 삼 개월이 되던 날 모세는 시내산에서 하나님의 율법을 받았다(출 19:1). 이제 광야 생활을 마치고 모압 평지에서 가나안 입성을 바라보는 백성들에게 여전히 모세는 하나님의 말씀을 전한다(5절).[1] 과연 모세는 하나님의 말씀을 가르치고 전하는 사명에 신실한 종이었다.

하나님의 말씀에 불순종하여 어떤 대가를 치룬 경험이 있는가? 매일 하나님의 말씀을 붙들고 이 세상 속에서 담대한 삶을 살아가는가?

1) 5절의 "설명하다" 는 히브리어 באר(바아르)이며 피엘 형태로 사용되었을 때 분명하게 하다, 설명하다란 의미가 있다. 모세는 새로운 율법을 백성들에게 전하는 것이 아니고 이미 주어진 율법을 그들에게 분명하게 설명해주고 있다.

모세의 첫 번째 설교: 역사적 서언 (1:6~4:43)

A. 호렙에서 요단까지 (1:6–3:29)

1. 호렙산을 떠나라 (1:6~8)

고대 근동의 종주 봉신 조약(suzerain-vassal treaty)에서와 같이 모세는 언약의 역사적 정황을 백성들에게 설명한다. 하나님께서 이스라엘 백성들에게 1년 동안 머무른 호렙산을 떠나 가나안 땅을 향하여 나아가라고 명령하셨다. 아모리 족속의 산지는 가나안 땅의 산악 지대를 가리킨다. 7절에서 소개된 이스라엘 백성들이 차지할 땅의 범위는 하나님께서 창세기 15:18-21에서 아브라함과 그의 후손에게 약속하신 지경을 말한다. 이스라엘 백성들이 가나안 땅을 차지하는 것은 결코 그들의 노력으로 되는 것이 아니다. 가나안 땅은 이스라엘 백성들을 위한 전적인 하나님의 은혜의 선물이다. 이는 하나님의 신실하신 언약이다. 특히 8절은 원문에서 ראה(레에이. 칼, 남성, 명령형)로 시작하여 이스라엘 백성들에게 주실 약속의 땅을 기대하게 한다. 또한 נתתי(나타티. 칼, 완료, 1인칭 단수)라는 완료형 동사를 사용하여 약속의 땅 가나안이 이미 그들에게 주어졌음을 나타내고 있다. 성도들은 하나님의 언약을 붙들고 그 성취를 믿음의 눈으로 바라보며 나아가는 자들이다.

하나님의 약속의 말씀을 붙들고 믿음으로 행진하는가? 하나님의 약속이 이미 이루어진 줄 믿고 선한 믿음의 싸움을 싸우는가?

2. 지도자를 세우다 (신명기 1:9~18)

(1) 지혜와 지식이 있는 지도자 (1:9~14)

하나님께서는 아브라함에게 약속하신 대로 이스라엘 백성들을 하늘의 별과 같이 많게 하셨다(창 15:5, 22:17, 26:4). 그런데 많은 백성들은 모세에게 힘겨운 짐이 되었다. 왜냐하면 모세는 수많은 백성들의 각종 송사를 해결해 주어야 했기 때문이다(참조. 출애굽기 18:13-27). 따라서 모세는 각 지파에서 유능한 지도력을 발휘할 수 있는 자들을 추천을 받아 임명하는 방식을 택하였다. 모세와 함께 지도력을 발휘 할 수 있는 자들의 자격은 지혜와 지식이 있고 백성들 가운데 인정받는 자들이었다(13절).[2] 지혜와 지식과 경험은 이스라엘 지도자의 중요한

---

2) 각 단어의 히브리어는 다음과 같다. 지혜(חכמים, 형용사), 지식(נבנים, 분사), 인정 받는 자(ידעים, 분사)이며 이 용어들은 주로 잠언서에 반복하여 나타난다. 출 18:21에도 이스라엘 지도자들의 자질을 소개하고 있다. "너는 또 온 백성 가운데서 능력 있는 사람들 곧 하나님을 두려워하며 (יראי אלהים) 진실하며 불의한 이익을 미워하는 자를 살펴서 백성 위에 세워 천부장과 백부장과 오십부장과 십부장을 삼아" 출애굽기에서는 지혜 대신에 하나님을 두려워하는 자로 묘사하고 있다.

덕목이다. 신약에서도 초대 교회의 집사 선출시 가장 중요한 덕목은 지혜와 성령이 충만하고 칭찬받는 자들이었다(행 6:3). 교회의 영적 지도자들의 중요한 자질은 지혜와 지식과 여러 사람들에게 칭찬을 받는 것이다. 교회의 지도자들을 세울 때에는 항상 하나님께서 정하신 영적인 기준을 따라야 한다. 참다운 지혜와 지식은 하나님을 경외함에서 나온다(잠 1:7).

(2) 공정한 재판을 위한 지도자들 (1:15~18)

모세가 지도자들을 세울 때 일정한 자격과 더불어 각 지파를 따라 천부장과 백부장과 오십부장과 십부장과 조장을 세웠다(15절). 이 같은 형태는 이스라엘의 재판 시스템이며 또한 전쟁을 위한 군사 조직임을 드러내고 있다. 왜냐하면 이스라엘의 가나안 정복은 영적 전쟁이기 때문이다. 지도자들의 재판 규례는 다음과 같다. 첫째, 이스라엘 백성들 그리고 그 땅에 사는 타국인들의 송사를 해결할 때 공정하게 처리해야 한다(16절). 둘째, 재판은 하나님께 속한 것인즉 결코 외모로 사람을 보지 말고 차별이 없어야 한다(17절, 참조 레 19:15). 셋째, 재판하는 자는 하나님을 두려워하고 사람을 두려워하여 부정으로 하지 말아야 한다(17절). 넷째, 홀로 결단하기 어려운 소송은 모세에게로 가져가야 한다(17절, 참조 레 18:26). 이스라엘의 재판 원리는 신본주의 사상을 배경으로 세워졌다. 하나님의 공의로운 속성이 재판 과정에 반영되어 공정하게 진행되어야 한다. 성도는 사람을 외모로 취하지 말아야 한다. 모든 사람은 하나님 앞에 동등하다는 사실을 알고 하나님을 경외함으로 대해야 한다. 공정한 사회를 이루기 위해 성도들은 삶의 현장에서 하나님의 공의를 본받는 삶을 살아가야 한다.

하나님의 기준보다는 세상의 기준으로 경솔하게 사람을 판단하지는 않는가? 일터에서 이주민 노동자들을 부당하게 대하지는 않는가?

3. 가데스 바네아 사건 (1:19~33)

(1) 정탐꾼을 보내다 (1:19~25)

이스라엘 백성들은 호렙 산을 떠나 크고 두려운 광야를 지나 결국 가데스 바네아에 이르렀다. 백성들은 약속의 땅의 남단인 아모리 족속의 산지에까지 이르렀다. 이제 이스라엘 백성들이 해야 할 일은 하나님의 약속의 말씀을 붙들고 그 땅을 차지하는 것이다. 따라서 21절에서 모세는 명령법(보라, 올라가라, 차지하라)과 지시형(두려워하지 말라 주저하지 말라)을 사용하여 백성들이 그 땅을 담대하게 차지해야 할 것을 말하고 있다.[3] 모세의 반복적인 명령법은 당시 이스라엘 백성들이 올라가 땅을 차지하는 것을 두려워하고 있다는 사실을 반증하고 있다. 이스라엘 백성들은 하나님의 약속의 말씀을 믿지 못하고 자구책으로 정탐꾼을 보낼 것을 제안하고 있다(22절). 정탐꾼을 미리 보내 땅을 정탐한 후 어느 경로로 올라가야 할 것과 어느 성읍으로 들어가야 할 것을 보고하게 하자고 제안하고 모세는 이를 받아들인다(참조 민 13:1,2). 정탐꾼을 보내자는 백성들의 제안은 온전치 못한 믿음에서 나

---

3) 보라 (ראה), 올라가라 (עלה), 차지하라 (רשׁ), 두려워하지 말라 (aאל־תירא), 주저하지 말라(אל־תחת).

온 방책이었으나 모세는 이를 받아들이고 허용한다. 그러나 궁극적으로 정탐꾼을 보낸 것은 이스라엘 백성들에게 긍정적인 면보다는 부정적인 면으로 작용을 했다. 성도들은 하나님의 약속의 말씀을 붙들고 단순한 순종을 해야 한다. 하나님의 말씀에 대한 단순한 순종은 시간과 에너지를 단축시킨다.

하나님의 약속의 말씀을 전적으로 신뢰하며 순종하는가? 하나님의 말씀에 대한 순종을 방해하는 두려움과 주저함은 무엇인가?

(2) 백성들의 원망 (1:26~28)

열둘 정탐꾼 가운데 두 명은 그 땅의 풍성한 소산을 가지고 돌아왔다. 이 증거를 통해 약속의 땅은 젖과 꿀이 흘러넘치는 풍요로운 땅임을 보여 주었다. 그럼에도 불구하고 백성들은 가나안 땅에 올라가기를 원하지 않았다. 왜냐하면 나머지 열 명의 정탐꾼들의 부정적인 보고를 더 믿고 따랐기 때문이다. 백성들은 하나님의 명령을 거역하고 원망하였다. 오히려 하나님의 출애굽 구원사건의 목적까지도 왜곡하였고 하나님의 사랑을 미움으로 오해하기에 이르렀다(27절). 또한 백성들은 하나님의 약속의 말씀보다는 가나안 땅에 대한 부정적인 보고를 더 믿고 따랐다. 열 정탐꾼들의 부정적인 보고는 믿음의 보고가 아닌 현실만을 전하는 보고였다. 가나안 족속들의 높이 솟은 키, 성읍들의 웅장한 규모, 거대한 아낙 자손들과 같은 묘사는 백성들의 마음을 녹아내리게 하였다. 12명이 동일한 땅을 정탐하였으나 보고는 전혀 달랐다. 두 명의 정탐꾼은 가나안 땅의 풍성함을 보여주는 증거물을 제시하면서 긍정적인 보고를 하였으나 10명은 가나안 사람의 키와 큰 성읍과 같은 눈에 보이는 두려운 외적인 요소들을 더 부각시켜 보고했다. 이 보고의 차이점은 믿음이다. 믿음 안경과 불신앙의 안경의 눈이 서로 다른 것들을 보게 하였고 두 개의 전혀 상반된 보고를 하게 하였다. 성도들은 눈에 보이는 현실을 따라 사는 자들이 아니다. 성도는 하나님의 약속을 붙들고 하나님의 역사하심을 바라보며 절대적인 믿음으로 사는 자들이다.

믿음의 눈으로 현실을 해석하는가? 아니면 현실이 나의 믿음을 부정적으로 재해석하는가?

(3) 하나님의 구원 역사 회상(1:29-33)

부정적인 보고로 인하여 두려움과 절망에 빠진 백성들에게 모세는 두려워하지 말라고 권면한다. 모세는 백성들이 두려워하지 말아야하는 근거로 하나님의 과거 구원 사건을 회상시킨다. 첫째는 출애굽 사건이며, 둘째는 광야 생활 가운데 하나님의 인도와 보호하심이었다. 하나님께서는 이스라엘 백성들을 구원하기 위해 애굽에 열 가지 재앙을 내리셨다(30절). 이처럼 과거에 이스라엘을 위해 싸우신 하나님께서는 이제도 그들을 위해 싸울 것이기에 두려워하지 말라고 권고한다. 하나님의 이스라엘을 향한 사랑을 부모와 자식 간의 언약적 사랑을 비유로 제시한다. 이스라엘 백성들이 광야 생활을 할 때 하나님께서는 부모가 자식을 안는 것 같이 그들을 안아서 인도하셨다(참조 출 19:4). 출애굽과 광야 사건들 속에 하나님의 손길이 미치지 않은 사건,

시간이 없었다. 하나님께서는 늘 백성들보다 앞서 가시면 장막칠 곳을 찾아 불과 구름 기둥으로 인도하셨다(33절). 이처럼 과거 이스라엘 백성들을 향한 하나님의 사랑과 돌보심은 가나안 정복 전쟁을 앞에 둔 백성들에게 용기와 확신의 근거임을 모세는 제시한다. 성도들은 과거에 베푸신 하나님의 은혜와 사랑을 늘 기억하고 기념하며 살아야 한다. 과거 하나님의 은혜와 축복은 현재의 고난과 두려움을 극복하는 위로와 용기를 제공해 준다. 왜냐하면 하나님께서는 어제나 오늘이나 영원토록 동일하시기 때문이다(히13:8).

과거 하나님의 구원과 사랑의 사건들을 회상하며 하나님께 감사하고 있는가? 광야 같은 세상을 살아갈 때 나를 안아 주시는 하나님의 보호하심을 믿는가?

4. 하나님의 징벌 (1:34~46)

(1) 가나안 땅을 보지 못하리라 (1:34-40)

하나님께서는 불평하고 원망하는 이스라엘 백성들의 말소리를 들으셨다(참조 시 94:9). 애굽에서 하나님의 기적을 친히 목격하였고 광야에서 하나님의 인도하심을 체험한 백성들이지만 이들은 정탐꾼들의 부정적인 보고를 듣고 원망에 사로잡혔다. 하나님께서는 이러한 백성들을 악하다고 말씀하신다. 결국 원망하는 출애굽 세대들은 가나안 땅을 볼 수 없게 되었다(35절). 그러나 온전히 하나님의 말씀을 순종한 갈렙과 여호수아는 가나안 땅에 들어가 그 땅을 차지할 것임을 약속하신다(36, 38절). 이스라엘의 지도자 모세도 결국 므리바 반석 사건을 인하여 가나안 땅에 들어갈 수 없게 됨을 고백한다(37절, 참조 민20:2-13). 그러나 원망하던 백성들의 자녀들과 선악을 분별하지 못하던 자녀들은 들어갈 수 있다(39절). 왜냐하면 이들은 나이가 어려 책임이 면제되었기 때문이다. 불순종한 출애굽 세대는 다시 방향을 돌려 홍해 길을 따라 크고 두려운 광야로 들어가게 되었다(40절). 히브리서 기자는 이스라엘 백성들이 가나안 땅에 들어가지 못한 이유는 그들이 순종하지 아니하였고 믿지 아니하였기 때문에 능히 들어가지 못했다고 언급한다(히3:18,19). 성도들은 하나님의 말씀을 단순하게 믿고 순종하는 삶을 살아야 한다. 그리할 때 광야 시간을 줄이고 하나님께서 주시는 참다운 영적 안식을 누릴 수 있다.

하나님께서 내 입술의 모든 말들을 듣고 계심을 믿는가? 하나님께 불순종한 결과와 순종한 결과의 차이를 생각해 보는가?

(2) 여호와를 잊지 말라 (1:41~46)

길을 돌려 광야로 돌아가라는 하나님의 명령을 듣고 백성들은 뒤늦게 죄를 고백하고 싸우려는 의지를 보인다. 백성들은 각각 무기를 가지고 산지에 올라가려고 한다. 그러나 본문은 이러한 백성들의 행위를 경솔하다고 묘사하고 있다.[4] 백성들의 이같은 행동은 하나님의 뜻과 상반된 자신들의 감정을 따른 행동이었다. 하나님께서는 백성들

---

4) "경솔히"는 히브리어로 ותהינו (바타히누, 히필, 미완료, 2 남성, 복수) 이다.

에게 "올라가지 말라, 싸우지도 말라, 내가 너희 중에 있지 아니하니" 라고 말씀하셨다(42절). 그럼에도 불구하고 백성들은 하나님의 말씀을 순종하지 않았고 오히려 거역하며 독단적으로 싸움터로 올라갔다. 그 결과는 비참한 패배다. 아모리 족속이 이스라엘을 벌 떼 같이 공격하여 가데스 바네아 북동쪽으로 약 55마일 떨어진 곳에 위치한 호르마까지 추격했다. 백성들은 통곡하였지만 하나님께서 듣지 않으셨다. 이스라엘 백성들이 여호와의 말씀을 듣지 않으니(43절, ולא שמעתם) 하나님께서 그들의 통곡을 듣지 않으신 것이다(45절, ולא־שמע יהוה). 가데스 사건은 이스라엘 백성들의 가나안 정복 전쟁에서 처음 경험한 패배이다. 이스라엘 백성들의 가나안 정복 전쟁은 성전(the Holy War)이다. 이들의 승리는 군사력의 강함과 약함에 있는 것이 아니고 하나님 말씀의 순종 여부에 달려 있다. 성도들은 자신의 열정, 감정, 기분을 따라 하나님을 섬기지 말고 하나님의 말씀에 온전히 순종하며 섬겨야 한다. 성도가 하나님의 말씀을 듣고 순종하면 하나님께서도 성도의 기도 소리를 듣고 선한 길로 인도해 주실 것이다.

하나님의 말씀을 따르는 삶보다는 자신의 판단을 따라 경솔하게 행하지는 않는가? 자신의 생각과 감정을 하나님의 뜻으로 오해하고 행동하지는 않는가?

5. 광야 방황의 세월들 (2:1~25)

2장은 광야에서 방황하는 세월들을 간략하게 요약하여 제시한다.

이스라엘은 가나안 여정 중 형제 국가들인 세일, 모압 그리고 암몬의 경계를 지나야 했다. 하나님은 모세에게 형제 국가들과는 절대로 싸우지 말라고 명하셨다.

(1) 세일산 방황 (2:1~8a)

백성들이 방향을 돌려 광야에 들어가서 오랜 세월 동안 네게브 산지의 동쪽 지역 에돔의 산악 지대인 세일 산을 두루 다녔다. 본문에서 "여러 날"은 단지 며칠이 아니고 이스라엘 백성들이 광야에서 방황한 38년간의 긴 세월이다(1절). 광야에서 방황의 세월들을 마칠 무렵 하나님께서는 이스라엘 백성들에게 행진 방향을 지시하신다(3절). 백성들이 세일에 사는 에돔 족속의 땅을 지나가는 일에 대해 말씀하신다. 민수기 20:18-21에서는 에돔 사람들이 이스라엘의 행진을 방해하고 있는 모습으로 나타난다. 그러나 신명기 본문은 에돔 족속을 이스라엘의 동족이라고 일컬으며 그들과 다투지 말라고 하신다. 에돔 땅을 지날 때 약탈자처럼 무례히 행동하지 말고 나그네처럼 예의를 갖추라 하신다. 오히려 그들에게서 물과 양식을 사 먹으라고 명하신다(6절). 왜냐하면 하나님께서 세일 산을 에서에게 기업으로 주셨기 때문이다. 광야 40년의 세월 동안 하나님께서는 이스라엘 백성들에게 직접 복을 주시고 인도하시고 필요를 채우셨다. 따라서 에돔 동족에게 피해를 줄 필요가 없다. 성도들의 복의 근원은 하나님이시다. 언약 백성들은 하나님께서 함께 하심을 믿고 또한 하나님의 채우심을 믿어 이웃에게 피해주지 않는 삶을 살아야 한다. 오히려 이웃을 윤택하게 하는 자들이 되어야 한다.

이웃과 쓸데없는 다툼에 휘말리고 있지는 않는가? 광야 생활 가운데도 하나님께서 나를 돌보심을 믿고 신뢰하는가?

(2) 모압 지경 통과 (2:8b~18)

이스라엘이 세일에 거주하는 에돔 족속의 땅을 떠나 모압 광야 길로 지날 때 하나님께서 다시 모세에게 말씀하신다. 모압을 괴롭히지 말고 그와 싸우지도 말라고 명령하신다. 왜냐하면 그 땅은 이스라엘에게 주신 것이 아니고 롯 자손에게 기업으로 주셨기 때문이다(창 19:36-38). 신명기는 아무런 언급을 하고 있지 않으나 민수기 22-24장은 모압 왕이 발람을 불러 그 땅을 지나려는 이스라엘을 저주케 하는 장면이 나온다. '에밈' 사람은 '르바임'이라 불리웠다. '에밈'은 히브리어로 אימה(에이마) '두려움, 공포, 무서움'이란 뜻과 관련이 있다. 아마도 이들은 아낙 사람들과 같이 키가 큰 사람들이었을 것이다. 호리 사람들은 세일에 거주했던 원주민들이었을 것이다. 에돔과 모압 사람들이 원주민을 쫓아내고 그 땅을 정복했듯이 이스라엘 백성들도 하나님께서 주시는 약속의 땅을 정복할 것임을 확신하고 있다(10-12절). 세렛 시내는 모압의 남쪽 경계를 이루는 와디(Wadi el-Hasa)이다. 세렛 시내를 건넘으로 38년 동안의 광야 방랑 생활을 마치고 약속의 땅을 향해 나아가는 새 시대가 열렸음을 의미한다. 불순종한 출애굽 1세대는 하나님의 징벌을 받아 결국 다 멸망하였다. 가데스 바네아에서 세렛까지의 거리는 약 130km정도이며 일 주일 정도 걸리는 거리이다. 그러나 이스라엘 백성들은 이 거리를 38년 동안 방황하였다. 성도들은 광야에서 방황한 이스라엘 백성들을 거울로 삼아야 한다. 바울이 언급했던 것처럼 이스라엘 백성들과 같이 우상 숭배, 음행, 원망과 같은 악을 즐겨 행하지 말아야 한다(고전 10:5-11).

불순종, 음행, 우상 숭배와 같은 죄악들이 나의 삶 속에는 없는가? 하나님의 말씀에 불순종하여 오랜 광야 생활의 연단을 받고 있지는 않는가?

(3) 암몬 지경 통과 (2:16-23)

출애굽의 1 세대들은 모두 광야에서 멸망하였다. 암몬은 롯을 통하여 이스라엘과 관계가 있는 족속이며(창 19:38) 하나님께서는 아르논 강에서 얍복 강에 이르는 요단 동편 지경을 이들에게 주셨다. 모압 변경의 아르는 아르논 강을 중심으로 발전한 모압의 성읍이며 정치, 군사적으로 중요한 곳이다(민 21:13,15; 22:36). 이스라엘 백성이 암몬 족속에게 가까이 이르거든 역시 이들을 괴롭게 하지 말고 그들과 다투지도 말아야 했다. 왜냐하면 암몬 족속의 땅을 하나님께서 롯의 자손에게 기업으로 주셨기 때문이다. 원래 암몬 족속의 땅은 르바임이 거주하고 있었고 이들은 아낙 족속과 같이 강한 자들이었다. 그러나 하나님께서 암몬 족속을 위해 이들을 쫓아내셨다. 하나님께서는 세일에 거주한 호리 족속을 쫓아내시고 에돔을 정착케 하셨고 아위 족속을 쫓아내고 갑돌 족속을 정착케 하셨다. 이를 통해 알 수 있는 것은 하나님께서 각 지역의 거주민들을 정착케 하실 뿐만 아니라 쫓아내시는 주권자시라는 사실이다. 따라서 하나님께서 장차 아무리 강하게 보이는 가나안 거주민도 쫓아내시고 이스라엘 백성들에게 그 땅을 선물로 허락해 주실 것이다. 성도들은 각 민족의 경계와 거주 지역을 허락하시는 절대 주권자이신 하나님을 신뢰하고 따라야 한다. 하나님께서는 각 족속과 국가의 흥망성쇠를 주관하신다.

하나님께서 내 삶의 모든 영역을 다스리시고 주관하심을 믿는가? 내 앞에 크고 어떤 어려운 문제도 하나님께서 해결하실 수 있다고 믿는가?

(4) 네 명성을 듣고 떨리라 (2:24~25)

이스라엘의 동족인 에돔 족속, 모압 족속, 암몬 족속의 지경을 지날 때 이들과 다투지 말라고 하나님께서 명령하셨다. 그러나 이제 아모리 족속인 헤스본 왕 시혼과는 싸워서 그 땅을 차지하라고 명하신다. 하나님을 앞세우고 진군하는 이스라엘 백성들을 천하 만민이 두려워하게 될 것이다. 왜냐하면 하나님께서 이스라엘과 함께 하시고 이스라엘을 위해 싸워 주심으로 이들을 당할 자가 결코 없을 것이기 때문이다. 온 사방의 족속들이 이스라엘과 함께 하시는 하나님의 위엄과 능력을 바라보고 떨며 근심할 것임을 말씀하고 있다. 성도의 담대함은 하나님께서 나와 함께 하신다는 사실을 믿을 때 생겨난다. 성도의 영적 전쟁은 자신의 힘으로 싸우는 것이 아니고 하나님께서 싸우심을 바라보며 나아가는 것이다. 권위는 스스로 세우는 것이 아니고 하나님께서 함께 하심으로 세워주셔야 한다.

하나님께서 나를 위해 싸워주심을 믿고 담대하게 영적 전쟁에 임하고 있는가?

6. 요단강 동쪽 정복 (2:26-3:22)

(1) 헤스본 왕 시혼 정복 (2:26~37)

모세는 헤스본 왕 시혼에게 사자를 미리 보내어 그 땅을 지나갈 수 있도록 요청한다. 사신을 미리 보내는 것은 고대 근동의 국가들에서는 일반적인 관례였다. 헤스본 땅을 지날 때 대로로만 행하고 좌우로 치우치지 않을 것이며 양식과 물은 그들에게 돈을 주고 살 것을 약속하였다(26-28절, 참조 민 21:21-35). 그러나 헤스본 왕 시혼은 이스라엘 백성들이 자기 땅을 통과하는 것을 허락하지 않았다. 30절은 헤스본 왕의 이러한 반응은 그 땅을 이스라엘에게 주시려는 하나님의 의도였다고 설명한다. 헤스본 왕은 자신의 완고함과 악함으로 이스라엘의 통과를 허락하지 않았고 하나님께서도 이미 헤스본 왕의 마음에 있는 그러한 마음을 완고하게 하셨다. 왜냐하면 헤스본의 마음을 완고케하여 왕의 땅을 이스라엘에게 주기로 마음먹으셨기 때문이다. 이는 출애굽시 하나님께서 바로의 마음을 완강케 하신 것과 같은 이유이다. 하나님께서는 아모리 사람인 시혼과 그 땅을 이스라엘 백성에게 주셨고 이제부터 그 땅을 차지하라고 명령하신다. 결국 하나님께서 말씀하신대로 야하스 전투에서 승리를 거두었다(32-34절, 참조 민 21:21-31, 삿 11:20). 이 지역은 르우벤 지파에게 주어졌고 레위인의 성읍이 되었다(수 21:36; 대상 6:78). 야하스 전투에서의 승리는 전적인 하나님의 은혜였다. 하나님께서 시혼 왕을 이스라엘의 손에 넘겨주셨기에 가능했다.[5] 이스라엘 백성들이 헤스본과 싸울 때에 가축과 전리품을 제외하고 각 성읍을 그 남녀와 유아와 함께 하나도 남기지 않고 진멸하였다(34절).[6] 하나님께서 허락하신 지경은 아로엘 골짜기 가운데 있는 성읍으로부터 길르앗까지 모든 성읍을 차지하였다(36절). 그러나 하나님께서 가기를 금하신 암몬 족속의 땅 얍복 강가와 산지에 있는 성읍은 가까이하지도 못했다(37절). 성도의 모든 삶의 움직임은 하나님의 섭리와 허락하심 아래 있다는 사실을 믿어야 한다. 하나님의 섭리의 범위가 미치지 않는 곳은 없다. 그러므로 자신의 생각과 판단보다는 늘 하나님의 뜻을 묻고 하나님의 인도와 도우심을 간구해야 한다.

내 모든 삶의 주인이 되시는 하나님을 진직으로 신뢰하는가? 영적 전쟁의 성패는 하나님의 손에 있음을 믿고 하나님의 말씀에 순종하는가?

(2) 바산 왕 옥 정복 (3:1~11)

헤스본 왕 시혼을 패배시킨 이스라엘은 북쪽으로 방향을 바꾸어 바산으로 나아갔다. 얍복 강을 경계로 헤스본 왕 시혼이 통치하는 남 아모리 왕국과 바산 왕 옥이 통치하는 북 아모리 왕국이 있었다. 바

---

5) 33절과 36절은 반복해서 승리의 원인을 하나님께 돌리고 있다. 33절 "그를 우리에게 넘기시매"(ויתנהו יהוה אלהינו), 36절 "우리에게 넘겨 주심으로"(נתן יהוה אלהינו).

6) "진멸하다"는 히브리어 נחרם(히필, 1인칭 복수, 바브 미완료)를 사용하였다. 아모리 족속의 문화와 그들의 종교적 의식들의 영향을 금하기 위해 온전히 진멸하였다.

산 왕 옥의 왕국은 오늘날 골란 고원으로 알려진 비옥하고 광활한 지역이다. 바산 왕 옥은 군사들을 거느리고 에드레이(갈릴리 바다에서 동쪽으로 30마일 떨어진 지역)에서 싸우고자 하였다. 그러나 하나님께서는 바산 왕 옥을 두려워하지 말라고 명하신다. 왜냐하면 하나님께서 그들을 이스라엘 백성들에게 이미 넘기셨기 때문이다(2, 3절). 하나님께서 승리를 허락하시니 바산 백성들 가운데 한 사람도 남김없이 모두 패배시키고 그들의 모든 성읍을 빼앗았다(3, 4절). 이스라엘이 빼앗은 성읍은 육십이나 된다. 이는 이스라엘이 얼마나 많은 전쟁을 했었는지를 암시하는 내용이다. 바산의 모든 성읍은 주로 높은 성벽으로 둘러있고 문과 빗장이 있어 견고하였다. 이 같은 구조는 메소포타미아, 아람, 팔레스틴, 그리고 애굽와 같은 고대 근동 국가들의 건축 문화의 특징이었다. 헤스본 왕 시혼에게 행한 것처럼 바산의 성읍을 모두 멸망시키고 각 성읍의 사람들은 모두 죽였고 전리품만을 취하였다(6, 7절). 결국 이스라엘은 요단 강 동쪽의 땅을 아모리 족속의 두 왕에게 모두 탈취했다. 이 같은 승리는 이스라엘 자신의 힘이 아닌 전적인 하나님의 은혜였다. 하나님께서 함께 하시면 아무리 높이 쌓아 올린 성벽과 견고한 성읍도 허물 수 있다. 성도들은 하나님의 언약을 붙들고 담대하게 나아가 사탄의 견고한 진을 파하는 영적인 군사가 되어야 한다. 하나님의 약속에는 불가능한 것이 없다.

눈앞에 보이는 이 세상의 견고한 성읍을 바라보며 두려워하거나 낙심하고 있지는 않는가? 하나님의 약속을 붙들고 담대히 나아가 싸워야할 영적 전쟁의 대상은 누구인가?

(3) 요단 동편에 정착한 지파들 (3:12~17)

이스라엘 지파 지도[7]

요단 강 동쪽 지역에 정착한 르우벤과 갓 자손에 대한 이야기는 민수기 32장에서 자세히 소개되고 있다. 르우벤 자손과 갓 자손은 심히 많은 가축 떼를 가져 가나안 정복 전쟁 전에 미리 요단 동편의 야셀 땅과 길르앗 땅을 모세에게 요구하였다. 모세는 이러한 요구가

---

7) 출처: Wikipedia. File:12 Tribes of Israel Map.svg

다른 지파들 사이에 결속력을 약화시키고 결국 모든 이스라엘 지파를 멸망으로 이끌 것이라는 생각 하에 거절하였다. 그러나 이 지파들이 가나안 정복 전쟁에서 선두에 서서 용감히 싸울 것과 요단 저쪽에서는 기업을 받지 않겠다는 다짐을 받고 결국 허락하게 된다. 모세가 비록 이들의 요구를 받아주었지만 이들의 요구는 칭찬받지 못할 성급한 행동이었다. 아르논 골짜기의 아로엘에서부터 길르앗 산지 절반에 이르는 지역인 시혼 지역을 르우벤과 갓 자손에게 주었다. 므낫세 반 지파에게도 요단 동편 땅의 비옥한 바산을 기업으로 주었다. 므낫세의 아들 중 장자인 마길(창 50:23)에게는 길르앗을 주었고, 야일은 아르곱 온 지방을 스스로 점령하여 그 지역을 차지하게 되었다. 지상에서 하나님의 교회가 치르고 있는 영적 전쟁에 온 성도가 힘을 합하여 힘써 싸워야 한다. 한 사람의 욕심과 나태함과 안일함은 결국 공동체 전체에 영향을 미친다. 내가 비록 힘들고 어려울지라도 복음과 교회를 위해 앞장서서 영적전쟁에 임하는 솔선수범의 자세가 필요하다.

개인적인 욕심과 나태함과 안일함 때문에 주님의 교회를 위한 사역과 봉사에 빠지고 있지는 않는가? 내가 주님의 교회를 위해 선두에 서서 감당해야할 사역은 무엇인가?

(4) 요단 동쪽 지파를 위한 모세의 권고 (3:18~22)

모세는 요단 동편에 정착하는 지파들에게 다음과 같은 권고를 한다. 하나님께서 그들에게 요단 동편을 기업으로 주셨으니 군인들은 무장하고 이스라엘 자손의 선봉이 되어 건너가서 싸울 것을 명령한다.

왜냐하면 이들 르우벤, 갓, 므낫세 반 지파는 이미 요단 동편에 땅을 기업으로 분배 받았기에 다른 지파들을 배려하는 차원에서라도 앞장서야 한다. 하나님께서 다른 지파들에게 가나안 땅을 기업으로 모두 주신 후에 그들은 자신의 기업으로 돌아갈 수 있다. 가나안 정복은 이미 이긴 싸움이다. 여호수아는 하나님께서 헤스본 왕 시혼과 바산 왕 옥에게 이미 행하신 것을 친히 목격했다. 과거에 이스라엘을 도우신 하나님께서는 앞으로 남은 가나안 땅 정복 전쟁에도 반드시 함께 하실 것을 상기시키고 있다. 그러므로 가나안 정복 전쟁을 앞 두고 이스라엘 백성들은 가나안 족속을 두려워하지 말아야 한다. 하나님께서 친히 이스라엘을 위해 싸워 주실 것이기 때문이다. 성도의 영적 전쟁은 이미 승리를 바라보고 확신하며 하는 싸움이다. 예수 그리스도께서 십자가에서 사탄의 견고한 진을 이미 파하셨기에 성도들은 그리스도의 십자가를 붙들고 믿음으로 담대히 영적 전쟁에 임해야 한다. 영적 전쟁은 내가 싸우는 것이 아니고 하나님께서 친히 싸워 주심을 믿어야 한다.

과거에 하나님께서 허락하신 승리의 기쁨을 묵상하며 현재와 미래의 영적 싸움에서 승리할 것을 확신하는가? 믿음의 선한 싸움을 싸울 때 두려워하는 것은 무엇인가?

(5) 요단강을 건너지 못한 모세 (3:23~29)

그 때에(בעת ההוא)는 모세가 여호수아에게 하나님께서 싸워주실 것이라고 격려를 한 후일 것이다. 그리고 하나님께서 모세에게 가나안 땅에 들어가지 못할 것이라는 명령을 내린 이후다(민 20:12). 모세는 므리바 반석 사건에서 백성들 앞에 지도자로서 하나님의 거룩함을 나타내지 못하여 가나안 입성 금지 명령을 받았다. 그럼에도 불구하고 모세는 하나님께 간구한다. 그는 수사학적 의문문을 사용하여 먼저 하나님의 유일성과 전능하심을 드러낸다(24절). 그후 모세는 요단을 건너 아름다운 땅과 산지와 레바논을 보게 해달라고 하나님께 간구하였다(25절). 그러나 하나님께서는 모세의 요구를 거절하셨고 다시는 이러한 일로 하나님께 말하지 말라고 명하신다(26절). 모세는 비스가 산 정상인 느보에 올라 단지 눈으로 그 땅을 바라보는 것으로 만족해야 했다. 그러나 하나님께서는 모세의 뒤를 이어 사명을 감당할 여호수아를 세우신다. 모세는 여호수아를 담대하게 하고 강하게 해야 한다.[8] 이스라엘 백성들을 이끌고 가나안 땅을 정복할 자는 모세가 아니고 여호수아이다(28절). 모세는 가나안 땅을 단지 바라보았을 뿐 실질적인 정복은 여호수아의 사명이다. 한 시대에 위대한 하나님의 종으로 쓰임 받은 모세의 기도가 거절당했다. 그는 하나님께서 정해 놓으신 범위 안에서만 하나님의 사명을 감당할 수 있었다. 이를 통해 배울 수 있는 것은 성도는 하나님의 절대 주권에 순종하는 자세를 가져야 한다는 점이다. 성도는 먼저 하나님의 뜻을 알고 순종해야 한다. 하나님의 뜻을 뛰어넘는 무리한 욕심은 금물이다. 따라서 성도의 기도는 하나님의 뜻에 의해 통제되어야 한다. 또한 작은 불순종의

8) "담대하게 하라"와 "강하게 하라"는 각각 חזקהו와 ואמצהו가 사용되었고 모두 피엘 명령형이다.

죄가 하나님의 영광스런 은혜와 축복을 누리지 못하게 하는 올무라는 사실을 잊어서는 안 된다. 하나님은 사명자들을 미리 준비해 놓으신다. 하나님의 일은 하나님이 하신다.

하나님께서 정해주신 사역의 한계와 범위에 감사함으로 순종하고 있는가? 하나님께서 거절하신 간구의 소원을 겸손함으로 받아들이고 있는가?

B. 지켜야할 규례와 법도 (4:1-43)

1. 규례와 법도를 지켜 행하라 (4:1~8)

고대 근동의 봉신 조약(suzerain-vassal treaty)에서도 역사적 서언 다음에는 구체적인 조항들을 소개한다. 따라서 모세도 백성들이 듣고 순종해야할 언약의 조항들을 소개한다. 모세는 자신의 후계자인 여호수아에게 먼저 강하고 담대할 것을 명령한다(신 3:28). 그 후 모세는 하나님의 규례와 법도를 듣고 준행하라고 강력히 권고하고 있다(4:1). 여호수아를 향한 강하고 담대하라는 명령과 하나님의 법도를 듣고 준행하라는 권고는 서로 분리될 수 없는 명령들이다. 이 같은 패턴은 여호수아 1:6-9에서도 나타난다. 가나안 정복을 앞둔 여호수아는 강하고 담대해야 할 뿐만 아니라 여호와의 말씀을 묵상하고 준행해야할 것을 가르친다. 가나안 정복 전쟁은 하나님의 거룩한 전쟁이다. 이 거룩한 전쟁에서 승리하는 길은 담대함과 더불어 하나님의 말씀을 순종하는 것이다. 모세는 하나님의 명령을 가감하지 말고 지키라고 명한다. 사도 요한도 계시록 22:19에서 두루마리의 말씀을 가감하지 말 것을 강조한다. 하나님의 말씀을 가감한다는 의미를 3절에서 설명해주고 있다. 바알브올의 일은 이스라엘 백성들이 거짓 선지자 발람의 잘못된 가르침을 따라 모압 여인들과 음행하다가 이만 사천명이 죽은 사건을 말한다(민 25:1-9; 시 106:28). 따라서 하나님의 말씀을 가감한다는 것은 거짓 가르침을 따른다는 의미이다. 4절은 오직 여호와께 붙어 떠나지 않은 자들만 오늘날까지 살아남았다고 한다.[9] 하나님께 대한 전적인 충성만이 하나님을 따르는 자들에게 요구되는 자세이다. 6절은 하나님의 명령을 지켜 행하는 것이 '너희의 지혜(חכמתכם)와 지식(בינתכם)' 임을 언급하고 있다(잠 1:7; 시 19:7,8; 마 7:24). 열방이 말씀에 순종하는 이스라엘 백성들이 과연 지혜와 지식이 있는 백성임을 고백할 것이라고 한다. 따라서 이스라엘 백성들은 열방 가운데 하나님의 말씀을 순종하는 백성의 언약이며 이방의 빛이 되는 것이 그들의 사명이다(사 42:1-9). 모세는 이스라엘의 독특성을 두 가지의 수사학적 의문문을 사용하여 제시하고 있다. (1) 하나님께서는 이스라엘 백성들이 기도할 때 항상 가까이 계신다. (2) 그 어떤 나라들도 이스라엘에게 주어진 율법처럼 의로운 법을 가진 나라는 없다. 성도의 진정한 복은 하나님의 말씀을 듣고 묵상하며 지켜 행하는 삶에 있

9) "여호와께 붙는다"란 히브리어 형용사는 הדבקים ביהוה로서 여호와께 아주 가깝고 강하게 밀착해 있다는 의미이다.

다. 성도들은 이 세상의 온갖 거짓된 이단의 가르침으로부터 자신을 지켜 보호해야 한다. 성도가 살길은 오직 하나님 여호와를 사랑하고 그 분께 가까이 붙어 있는 것이다. 성도는 하나님의 말씀을 순종하여 이 세상 가운데 지혜와 지식을 드러내는 참된 빛으로 살아가야 한다.

교회의 바른 가르침에서 벗어나 이단이나 사이비 집단의 잘못된 가르침의 유혹을 받지는 않는가? 하나님의 말씀에 순종하여 이 세상 속에서 지혜로운 언약 백성으로서의 빛을 발하는가?

2. 호렙산의 일을 기억하라 (4:9~14)

이스라엘 백성들은 무엇보다도 마음을 잘 지켜야 한다(잠 4:23). 백성들의 마음은 항상 하나님을 향해야 한다. 그들이 호렙산에서 본 광경을 잊어버리지 말아야 한다. 모압의 이스라엘 백성들에게 호렙산 사건은 이미 40년 전의 일이다. 그러나 하나님은 이 사건을 잊지 말라고 명령하신다. 왜냐하면 하나님께서 호렙산에서 이스라엘 백성들에게 율법을 주셨기 때문이다. 하나님의 강림과 현현 가운데 백성들에게 음성을 들려 주셨다. 하나님께서는 불 가운데 백성들에게 임하사 그들에게 말씀하시고 십계명을 주셨다. 불은 하나님의 위엄과 영광스런 임재를 상징한다. 왜 하나님께서 이렇게 놀라운 모습으로 자신을 나타나셨는가? 하나님의 영광과 위엄 가운데 주신 십계명의 중요성을 알게 하기 위함이다. 그리고 백성들이 하나님 경외함을 배우고 그들의 자녀들에게 하나님의 말씀을 잘 가르쳐 이 땅에서 복을 받게 하기 위함이다. 가나안 땅을 향해 나아가는 이스라엘 백성들에게 가장 중요한 것은 여호와의 명령을 지키는 것이다. 백성들이 가나안 땅에서 해야 할 가장 중요한 일은 하나님의 규례와 법도를 순종하는 것이다. 이를 위해 하나님께서는 백성들이 결코 잊지 못할 방식으로 자신을 호렙산에서 나타내신 것이다. 성도는 하나님의 말씀을 받는 순간을 가장 소중히 여겨야 한다. 모든 공예배 가운데 선포되는 하나님의 말씀을 받을 때 호렙산의 이스라엘 백성들의 마음 자세와 같아야 한다. 왜냐하면 하나님의 말씀의 위엄과 권능을 알고 삶 속에서 순종하기 위함이다. 나아가 받은 하나님의 말씀을 자녀들에게 부지런히 가르쳐 그들도 하나님 경외함을 배우게 해야 한다.

하나님의 말씀을 읽고 듣는 시간들을 소중하게 생각하는가? 성령의 영감으로 기록된 하나님의 말씀을 지켜 순종하는가?

3. 우상을 만들지 말라 (4:15~24)

하나님의 호렙산 현현의 특징이 있다. 그 어떤 형상이 나타나지 않은 점이다. 오직 하나님의 음성과 십계명만을 주셨을 뿐이다. 그 이유는 백성들이 그 어떤 우상도 만들지 못하게 하기 위함이다. 우상을 만들지 말라는 명령은 당시 고대 근동 문화에 정면으로 반대되는 믿음을 요구한다. 고대 근동의 모든 신들은 온 우주 만물에 내재하고 있었으며 우상에 깃들이고 있었다(17-19절). 고대 근동의 문화에서 우상을 만들고 섬기는 것은 삶의 중요한 부분이었다.[10] 그러나 하나님은 우상을 만드는 것을 절대로 금하신다. 왜냐하면 인간의 기준과 관점으로 하나님을 인식하고 상상하려는 것을 막기 위함이다. 피조물은 인간을 위해 하나님께서 주신 선물들이지 결코 경배의 대상은 아니다. 우상을 만드는 것은 인간 자신의 유익을 위한 것이다(16절). 그러나 이스라엘 백성들은 하나님께 택함을 받은 백성들이다. 하나님께서 이들을 애굽에서 구속하셨고 자기 백성의 기업을 삼으셨다(20절). 따라서 이스라엘은 우상이 아닌 하나님의 은혜로 살아가야하는 자들이다. 21, 22절에서 모세는 다시 한 번 므리바 사건을 상기시킨다. 본인이 하나님의 말씀을 순종하지 못해 가나안 땅에 들어가지 못한 것을 다시 언급하여 불순종의 위험성을 경계한다. 백성들을 향해 순종과 우상금지를 위한 교육적 의도가 있다(23절). 마지막으로 모세는 여호와는 소멸하는 불이시며 질투(קנא)의 하나님이심을 역설한다(레10:1,2; 출 34:14 민 11:1, 16:1-35). 성도는 예배와 삶 속에 우상을 만들지 말아야 한다. 하나님은 영이시기에 인간의 지성과 이해를 초월하는 분이심을 잊지 말고 성경에 기록된 하나님을 바로 섬겨야 한다. 하나님보다 더 사랑하는 보이지 않는 우상을 섬기지 말아야 한다. 우상은 하나님의 질투를 유발하는 것임을 성도는 기억해야 한다.

하나님을 형상화하는 신앙의 오류는 나에게 없는가? 하나님의 질투심을 유발하는 내 안에 있는 우상은 무엇인가?

---

10) John H. Walton, *Ancient Near Eastern Thought and the Old Testament: Introducing the Conceptual World of the Hebrew Bible* (Grand Rapids: Baker Academics, 2006), 113-34.

4. 우상숭배 결과 (4:25~31)

하나님께서 주신 가나안 땅에 들어가 정착하며 오랜 세월을 살 때에 주의해야할 것은 백성들의 영적 나태함이다. 영적 나태함은 연이은 세대 가운데 혼합주의와 우상을 만드는 삶으로 이어진다. 따라서 모세는 가나안 땅에서 우상을 만들 경우 백성들에게 임할 준엄한 형벌의 내용을 소개한다. 하나님께서는 하늘과 땅을 증거로 삼아 형벌을 선언한다(신 32:1; 사 1:2). 즉 온 세상의 주인이신 하나님의 변함없는 말씀의 신실성을 근거로 다음과 같은 형벌을 백성들에게 선포한다. 첫째, 가나안 땅에서 속히 망할 것이다. 백성들의 날이 길지 못하고 전멸될 것이다(26절). 둘째, 백성들을 여러 민족 가운데 흩으실 것이다. 그들의 수가 결코 많지 못할 것이다(27절). 셋째, 이방 땅에서 목석과 같은 우상을 섬길 것이다(28절). 하나님의 택한 백성이며 하나님의 호의를 입은 백성이라도 우상 숭배에 대한 징벌은 결코 면하지 못한다. 그럼에도 불구하고 백성들이 회개하고 하나님께로 돌아와 마음을 다하고 뜻을 다하여 그를 찾으면 하나님을 만나게 될 것이다(29절). 백성들이 하나님의 징벌로 인하여 환난을 당하다가도 만일 그들이 돌이켜 하나님의 말씀을 청종하면 하나님의 회복을 경험할 것이다. 하나님께서 자신의 백성들을 자비와 사랑으로 다시 받아 주실 것이다(31절). 하나님께서 아브라함과 이삭과 야곱과 맺은 언약을 다시 기억하실 것이다(출 2:23, 24). 성도를 영적으로 병들게 하는 요인은 나태함과 영적 태만이다. 하나님께서 주신 축복에 안주하며 세상을 사랑하게 되면 하나님의 징계를 초청하는 문을 여는 것이다. 비록 하나님의 언약 백성이라 할지라도 죄를 범하면 죄의 종이 되고 어둠의 세력에 눌리게 된다. 그러나 고통 가운데서도 회개하고 돌이키면 다시 회복된 언약의 축복에 다시 동참하게 될 것이다.

하나님께서 주신 복에 안주하며 살고 있지는 않는가? 죄악으로 인한 하나님의 징계를 겪고 있을 때 어떻게 회복의 은혜를 누릴 수 있는가?

5. 첫 번째 설교의 결론 (4:32-40)

모세는 자신의 첫 번째 설교의 결론 부분을 명령형으로 시작하고 있다. "왜냐하면 이제 물어 보아라 (כי שאל־נא)" 모세는 이스라엘 백성들의 과거 역사에 대한 질문을 통해 하나님께서 행하신 일들을 상고하라고 명한다. 32-34절은 모두 수사학적 의문문으로 구성되어 있다.

(1) 이런 큰일이 있었느냐? (32절)
(2) 이런 일을 들은 적이 있었느냐? (32절)
(3) 듣고 생존하였느냐? (33절)
(4) 인도하여 낸 일이 있느냐? (34절)

모세는 수사학적 질문을 통하여 유일하신 하나님께서 행하신 일들을 소개하고 있다. 첫째는 호렙 산에서 율법을 주신 말씀의 하나님이며, 둘째는 큰 권능으로 이스라엘 백성을 출애굽 시킨 구원의 하나님이시다(33, 34절). 왜 모세는 수사학적 의문문을 통한 강조 기법을 사용하여 하나님의 행하신 일들을 소개하고 있는가? 하나님께서 이 같은 일을 행하신 이유는 하나님의 유일성을 드러내려 하심이다(35절). 오직 하나님만이 참 신이심을 드러내기 위함이다. 그리고 이스라엘 백성을 위한 하나님의 큰 행동을 상기시키기 위함이다. 하나님께서 호렙 산에서 불 가운데 말씀하신 이유는 이스라엘 백성들을 말씀으로 교훈하시기 위함이다. 하나님께서 이스라엘의 조상들을 사랑하시기에 그들을 택하시고 애굽에서 구원하셨다. 37절에서 사용된 "사랑하다(אהב)"와 "택하다(בחר)"는 모두 언약적 관계를 표현하는 용어이다. 모세는 하나님의 구원 사역과 계시의 행위가 바로 언약 백성인 이스라엘을 위한 것임을 강조하고 있다(7:7, 8; 10:15). 하나님의 은혜를 입고 택함을 받은 백성들은 하나님을 바로 알고 순종하는 삶을 살아야 한다. 하나님의 택함을 입은 이스라엘 백성들이 가나안 땅에서 복을 받고 오래 사는 길은 하나님의 말씀에 순종하는 길 밖에 없다. 말씀에 대한 순종은 언약 백성들이 평탄한 삶을 사는 필수 요소이다. 성도는 늘 예수 그리스도의 십자가의 구원을 기억하며 감사하고 감격하는 삶을 살아야 한다. 하나님의 사랑은 예수 그리스도의 십자가를 통하여 확증된다. 예수 그리스도의 십자가의 구원과 성경을 통한 하나님의 계시의 말씀은 성도의 정체성이다. 성도는 예수 그리스도 안에서 하나님의 택하심을 받고 구원을 받은 영적인 이스라엘이다. 하나님의 백성의 정체성을 기억하고 하나님의 말씀에 순종하는 삶을 살아야 한다.

예수 그리스도의 십자가의 은혜와 사랑을 늘 기억하며 감사하는가? 하나님의 택한 언약 백성으로 그리스도 안에서 나의 정체성을 바르게 가지고 있는가?

6. 요단 동편의 세 도피성 (4:41~43)

모세는 요단 동편에 도피성 세 성읍을 구별하였다. 도피성은 원한이 없이 부지중에 살인한 과실 치사죄를 범한 자를 보호하기 위한 법이다(19:1-13; 민 35:9-15). 이 같은 제도는 생명을 사랑하고 보호하는 하나님의 사랑과 자비의 속성을 드러낸다. 또한 부지 중 죄를 범한 자라도 격리 수용은 필요했고 벌을 받는다는 것을 알려주기 위함이다.[11] 도피성은 르우벤 지파를 위해 광야 평원에 있는 베셀을(수 21:36), 갓 지파를 위해서는 길르앗 라못을(수13:26), 므낫세 지파를 위해서는 바산 골란을 지정하였다. 각각의 정확은 위치는 알 수 없다. 하나님은 생명을 살리길 원하시는 분이시다. 모세 법의 정신은 생명을 보호하고 살리는 것이다. 믿음의 공동체는 형제의 허물과 실수를 받아주고 용납해야 한다. 예수 그리스도께서 죄인된 우리를 받아 주신 것처럼 우리도 서로 받아주며 사랑해야 한다. 교회는 생명을 살리는 공동체가 되어야 한다.

---

11) 존 칼빈, 『칼빈의 신명기 강해』, 곽홍석 역 (서울: 서로사랑, 2010), 228.

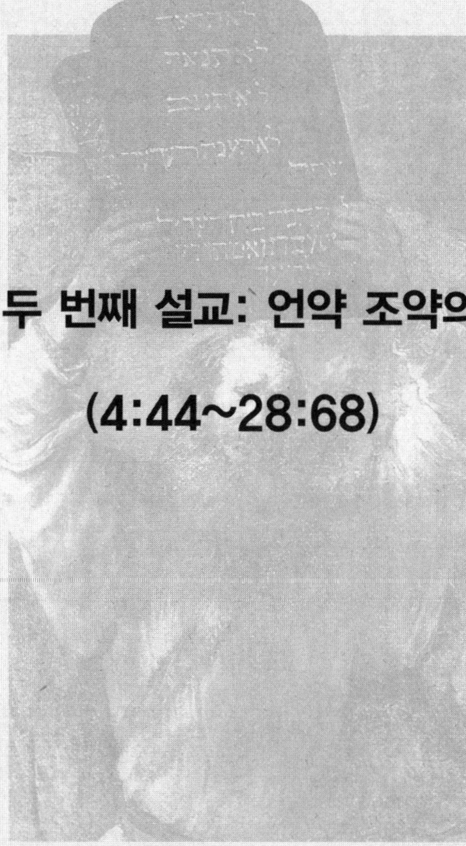

모세의 두 번째 설교: 언약 조약의 조항들

(4:44~28:68)

모세의 두 번째 설교:
언약 조약의 조항들(4:44~28:68)

A. 서언 (4:44-49)

4장 44절 부터는 모세의 두 번째 설교가 소개 된다. 첫 번째 설교를 소개하는 1장 5절은 다음과 같다. "모세가 요단 저쪽 모압 땅에서 이 율법을 설명하기 시작하였더라 일렀으되" 두 번째 설교를 시작하는 4장 44, 45절은 다음과 같다. "모세가 이스라엘 자손에게 선포한 율법은 이러하니라. 요단 동쪽 벳브올 맞은편 골짜기에서 그리하였더라…" 이 두 구절 모두 요단 동편 모압 평지에서 모세가 이스라엘 백성들에게 율법을 선포하고 있음을 언급하고 있다. 즉 모세는 가나안 입성을 앞둔 이스라엘 백성들에게 하나님의 뜻을 가르치고 있다. 가나안 땅을 차지하는 이스라엘 백성들에게 가장 중요한 것은 그 어떤 군사력이나 전쟁 기술이 아니다. 하나님의 말씀을 듣고 순종하는 자세와 삶이다. 순종의 삶이 가나안 정복 전쟁의 승패를 가른다. 그러므로 모세는 백성들에게 두 번째 설교를 시작한다. 성도가 하나님의 은혜를 누리는 중요한 수단 가운데 한 가지는 하나님의 말씀을 듣는 것이다. 성경을 읽고 묵상함으로, 말씀을 듣고 설교를 통하여 들어야 한다. 하나님의 말씀을 경청하여 듣고 순종하는 길이 이 세상을 살아가는 가장 중요한 성도의 자세이다.

B. 언약의 기본 원리들 (5:1–11:32)

1. 십계명 (5:1~21)

(1) 호렙산에서 맺은 언약 (5:1~6)

모세는 온 이스라엘에게 하나님의 말씀을 듣고 배우고 지켜 행하라고 명령한다. 4:1에서 하나님의 말씀을 "들으라(שׁמע, 쉐마)"는 명령은 5:1에서도 다시 반복되고 있다. 이 같은 반복적 문구는 그 내용의 중요성을 한층 강화한다. 하나님께서 율법과 계명을 주신 이유는 백성들이 하나님을 섬기는 방법을 알려주기 위함이다. 하나님께서 호렙산에서 이스라엘과 언약을 맺으셨다.[12] 그 언약의 내용은 출애굽기

---

12) 2절과 3절 사이에는 교차 대구법이 나타난다. 이를 통하여 언약의 주체가 여호와임을 강조하고 있다.

2절 יהוה(A) אלהינו כרת(B) עמנו ברית

3절 כרת(B′) יהוה(A′) את־הברית

19:1-6에서 소개되고 있다. 이스라엘이 하나님의 말씀을 잘 듣고 언약을 지키면 하나님께서 그들을 모든 민족 가운데 하나님의 소유가 되게 하고 제사장 나라가 되고 거룩한 백성이 될 것이라는 약속이다(출 19:5, 6). 백성들이 언약을 잘 지키는 것은 하나님을 잘 섬기는 것이다. 이 언약은 조상들과 세우신 것이 아닌 현재 이곳에 살아 있는 이스라엘 백성들과 맺은 언약이라고 언급한다(3절). 이는 수사학적인 표현으로 지금 말씀을 듣는 현 세대의 즉각적인 순종의 책임을 요구하는 언약임을 강조한다. 1절에서 5절 사이에는 화자와 청자의 인칭의 변화가 잘 나타난다.

내가 – 너희 (1절), 우리 (2-3절), 너희(4절), 내가 – 너희(5절)

이 같은 인칭의 변화를 통하여 현 세대의 책임을 강조하고 율법의 중재자인 모세의 역할을 드러내고 있다. 하나님께서 호렙 산에 강림하셨을 때 백성들은 두려워 하여 산에 오르지 못하고 모세만 하나님과 백성들 사이에 중재자의 역할을 감당하였다(5절). 불 가운데서 말씀하시는 하나님과 이를 두려워하는 백성들 사이에 모세의 역할은 예수 그리스도의 중재 사역을 상기시킨다. 6절은 직접화법을 통하여 이스라엘을 애굽에서 구원하신 하나님을 소개하고 있다. 하나님의 자기 선언을 통하여 이스라엘과 언약을 맺으신 하나님의 주권적 권위를 스스로 부여한다. 모세는 신명기 4:34에서 소개된 하나님의 구원 역사를 반복적으로 제시한다. 십계명의 수여자는 이스라엘을 구속하신 하나님이시다. 그러므로 언약 백성인 이스라엘은 구속 하신 하나님의 은혜와 사랑을 기억하며 십계명을 받아야 한다. 성도들은 예수 그리스도의 은혜 안에서 하나님과 언약을 맺은 자들이다. 그러므로 항상 하나님의 말씀에 귀를 기울여야 한다. 성도는 그리스도의 중보 사역을 통하여 하나님과 화목하게 되었다. 그러므로 성도는 항상 예수 그리스도 안에서 현재 내가 가지고 있는 언약적 정체성을 기억해야 한다. 그리스도의 구속의 은혜를 항상 생각하며 감사해야 한다.

하나님께서 예수 그리스도 안에서 나에게 주신 은혜와 언약을 기억하고 있는가? 날마다 중보자이신 예수 그리스도를 붙들고 하나님께 나아가는가?

(2) 처음 돌판에 새겨진 계명 (5:7~15)

고대 근동의 다신론적인 사회에서 살아가는 백성들에게 처음으로 주어진 계명은 다른 신을 두지 말라는 것이다. 제1계명은 이스라엘 백성들이 다른 종교와 혼합주의에 빠지지 말아야 할 것에 대한 명령이다. 이스라엘을 구속하신 유일하신 하나님만을 섬기는 것이 가장 크고 첫째되는 계명이다. 이 계명은 하나님과 이스라엘 백성들 사이의 모든 언약관계의 기초가 되는 것이다(7절). 둘째는 우상을 만들지 말고 아무 형상도 만들지 말아야 한다. 눈에 보이지 아니하는 절대적인 영적존재인 하나님을 인간의 생각으로 형상화하지 말아야 한다(요 4:24). 고대 근동의 모든 종교는 하나같이 우상을 제조하고 섬겼다. 이스라엘 백성들이 우상에게 절하거나 섬기지 말아야한다. 왜냐하면 하나님은 질투(קנאה)의 하나님이시기 때문이다. 하나님은 자신의 언약 백성들로부터 모든 영광과 경배를 받기에 합당하시다. 하나님께서는 자신을 미워하는 자들의 죄에 대해서는 삼사 대까지 심판할 것이다(9

절). 하나님께서 악인과 하나님을 무시하는 자들의 자녀들에게는 자신의 사랑과 은혜를 제한하신다(9절). 그러나 하나님을 사랑하고 그 계명을 지키는 자들은 천 대까지 은혜를 베푸실 것이다(10절). 하나님의 진노보다는 하나님의 은혜가 더 큰 사실을 수사학적으로 설명하고 있다. 하나님을 사랑하는 자들의 자녀들에게 은혜를 베푸셔서 그들이 죄악에 빠지지 않게 하실 것이다. 하나님을 섬기는 보상으로 하나님께서 잊지 않고 은혜로 갚아 주실 것이다. 하나님의 이름은 하나님의 존재와 인격의 표현이기에 그 이름을 가볍게 여겨 함부로 그 이름으로 맹세하지 말아야 한다(11절). 안식일을 지켜 거룩하게 해야 한다. 안식일에는 주인, 자녀, 남녀종들, 손님에 차별이 없이 모두 지키도록 해야 한다. 안식일 계명을 지켜야 하는 이유를 출애굽기 20:8-11과 비교해 볼 때 약간의 차이점을 발견하게 된다.

출애굽기 20:11	신명기 5:15
이는 엿새 동안에 나 여호와가 하늘과 땅과 바다와 그 가운데 모든 것을 만들고 일곱째 날에 쉬었음이라 그러므로 나 여호와가 안식일을 복되게 하여 그 날을 거룩하게 하였느니라.	너는 기억하라 네가 애굽 땅에서 종이 되었더니 네 하나님 여호와가 강한 손과 편팔로 거기서 너를 인도하여 내었나니 그러므로 네 하나님 여호와가 네게 명하여 안식일을 지키라 하였느니라.

출애굽기는 하나님의 창조 원리를 기반으로 안식일 준수를 설명하고 있고 신명기는 출애굽의 구속 사건을 근거로 설명하고 있다.

성도는 하나님의 사랑과 은혜에 감사하여 늘 하나님을 섬기고 그 이름을 영화롭게 하는 일에 힘써야 한다. 헛되이 하나님의 이름을 사용하여 맹세하지 말아야 한다. 성도는 예수 그리스도 안에 있는 하나님의 은혜와 사랑을 날마다 경험하고 그 은혜만을 추구해야 한다. 자신의 욕망과 인간의 이기적인 욕심에서 만들어지는 모든 우상을 제거하는 것이 하나님을 섬기는 기본적인 삶이다.

하나님의 은혜와 사랑을 경험하고 하나님 한 분을 삶의 최고의 목적으로 섬기는가? 주일을 거룩하게 지키고 하나님께 예배하고 기도하며 말씀을 읽는 일에 자신을 드리는가?

(3) 둘째 돌판에 새겨진 계명 (5:16~21)

처음 돌 판에 새겨진 계명은 하나님 경외에 대한 것이라면 두 번째 돌판에 새겨진 율법은 언약 백성들 사이의 관계에 관한 규례이다. 하나님께서는 여기에 언약 백성들이 서로 상호 의무를 다할 것을 말씀하고 있다. 제 5계명은 부모 공경에 대한 말씀이다. 하늘로는 하나님을 경외하고 땅에서는 무엇보다 부모님을 공경해야 한다. 부모의 권위는 하나님께로부터 나오기에 부모를 공경하며 순종해야 한다. 무엇보다도 이스라엘의 부모는 자녀들에게 하나님의 말씀을 가르쳐야 하는 책임을 가지고 있다(신 6:4-9). 따라서 자녀들은 부모의 권위와 가르침에 순종해야 한다. 나아가 하나님께서 세우신 모든 권위에 순종하는 삶이 언약 공동체의 질서를 위해 필요하다. 이 계명에 순종하면 백성들은 가나안 땅에서 장수와 복을 누릴 것이다(엡 6:4, 골 3:21).

제 6은 살인하지 말라는 계명이다. 인간은 하나님의 형상대로 창조함을 받았기에 살인은 창조의 질서를 파괴하는 행위이다. 사람은 이웃에게 어떤 무례한 행동이나 폭력을 사용해서는 안 되며 분노나 증오와 같은 내면적인 살인도 금한다.

제 7은 간음하지 말라는 계명이다. 결혼은 하나님께서 허락하신 선물이기에 신성하게 지켜져야 한다. 또한 우리의 몸은 성령의 전이기에 하나님은 우리가 순결하고 깨끗한 삶을 살기를 원하신다. 각종 음란한 언어, 방탕한 삶 그리고 음욕을 품는 마음은 간음죄에 문을 열어주는 것이다. 제 8은 도둑질 하지 말라는 계명이다. '도둑질 하다'는 히브리어로 גנב(가나브)이며 이 용어에는 '속이다' 라는 의미도 있다. 따라서 '도둑질하지 말라' 는 계명에는 남의 물건을 훔치는 것뿐만 아니라 온갖 사기 행위, 약탈, 침략행위, 낭비도 포함이 된다. 제 9는 이웃에 대해 거짓 증거하지 말라는 계명이다. 이 계명은 거짓과 관련하여 제8계명과 밀접한 상관성이 있다. 거짓 증언은 이웃의 명예와 명성을 훼손시키는 것이다. 거짓 증언은 이웃을 속이고 험담하고 중상하는 것도 포함한다. 제10은 이웃의 아내를 탐하지 말라는 계명이다. '탐하다' 는 히브리어로 חמד(하메드)이다. 이 용어는 '몹시 욕망하다' 또는 '(우상을) 즐거움으로 삼다' 라는 부정적인 의미가 있다. 이웃의 아내를 비롯한 그의 재물을 탐하지 말라는 명령이다. 성도는 하나님을 사랑할 뿐만 아니라 하나님을 섬기는 방법을 알아야 한다. 십계명은 하나님을 구체적으로 어떻게 섬겨야 할지에 대한 계명이다. 하나님께서는 자신의 언약 백성들이 이웃과 조화롭고 화목한 삶을 살기를 원하시고 또 그렇게 살라고 명령한다. 하나님을 경외하고 사랑하며 이웃을 내 몸과 같이 사랑하는 것이 십계명의 핵심 정신이다.

하나님의 영광을 위해 다른 이웃과 화목한 관계를 유지하며 살아가는가? 하나님께서 선물로 주신 가정을 소중히 여기고 인간적인 탐심을 버리는가?

십계명과 신명기 전체 구조[13)]

	대신 관계	중심 이슈	대인 관계	
1계명	하나님은 우리 삶에 최고의 우선순위이시며 최종적 권위를 가지신 분이 되어야 한다. 우리는 하나님을 선택해야 하고 순종해야 한다. 신 6-11장	권위	인간의 권위는 하나님의 권위 아래 있고 그 안에 포함되어야 한다. 신 6:18-18:22	5계명
2계명	예배는 하나님에 대한 바른 관점으로 드려져야 한다. 속이거나 자기기만으로 예배를 드리지 말아야 한다. 예배에 세상의 기준을 절대로 수용해서는 안 된다. 신 12장	위엄	인간의 생명, 가족, 지위와 관련된 인간의 존엄성은 반드시 보호되어야 한다. 신 19:1-21:23 신 22:1-23:14 신 23:15-24:7	6,7,8 계명

13) Andrew E. Hill and John Walton, *A Survey of the Old Testament* (Grand Rapids: Zondervan, 2000), 135-40.

	대신 관계	중심 이슈	대인 관계	
3계명	우리는 책망할 것이 없는 삶과 우리를 유혹하는 그 어떤 길도 피하면서 하나님께 대한 헌신을 귀중하게 생각해야 한다. 신 13:1-14:21	헌신	우리는 이웃들에 대한 헌신을 귀하게 생각해야 한다. 신 24:8-16	9계명
4계명	하나님은 자신에게 드려지는 헌물로 표현되는 우리의 감사를 받으실 권리가 있고 또한 자신의 이름을 존귀하게 여겨야 할 것을 요구할 권리가 있다. 신 14:22-16:17	권리와 특권	우리는 자신의 권리의 한계를 이해해야만 하고 다른 사람들의 권리를 침범하지 말아야 한다. 신 24:17-26:15	10계명

2. 호렙산 현현 회상과 권고 (5:22~33)

(1) 호렙산 현현과 백성의 반응 (5:22~27)

모세는 십계명을 소개한 후 호렙산에서 하나님 현현의 모습을 다시 상기시키고 있다(4:9-14; 5:1-6). 하나님은 높은 산에서 불, 구름, 흑암 가운데 큰 음성으로 십계명을 백성들에게 말씀하셨다. 그리고 자신이 직접 두 돌판에 써서 모세에게 주셨다(22절). 참으로 영광스러운 장면이 아닐 수 없다. 이 같은 묘사는 모든 행위의 기초가 되는 십계명의 중요성을 더욱 더 강조한다. 하나님의 현현에 대한 백성들의 반응은 두려움과 놀람으로 가득했다. 광대하신 하나님은 자신의 존재 일부분을 백성들에게 계시하셨다. 백성들은 영광과 위엄 가운데 임하신 하나님이 모세와 이야기하는 것을 듣고 지켜보았다(24절). 육체를 가진 인간이 하나님과 대면하였으나 생존한 것을 모세를 통하여 보았고 백성들은 중재자 모세의 역할을 인정하였다. 백성들은 모세를 통해 전해지는 하나님의 말씀을 듣고 순종하기로 결심하였다. 성도들은 하나님 말씀의 권위에 전적으로 순복해야 한다. 성경을 읽고 들을때 마치 호렙산의 하나님께서 실제로 임하셔서 말씀하신다는 자세로 읽어야 한다. 하나님께서는 기록된 성경 말씀을 통하여 자신을 충분히 계시하셨다. 성도는 하나님의 말씀에 대한 경외심을 가져야 한다.

성경을 통해 하나님을 더욱 알아가기를 힘쓰고 있는가? 날마다 하나님의 말씀을 듣고 읽고 묵상하며 하나님과 교제하고 있는가?

(2) 백성의 반응에 대한 하나님의 권고 (5:28~33)

하나님께서 호렙 산 가운데 불 가운데 임하신 이유는 백성들을 시험하고 하나님을 경외하게 하는 마음을 가지게 하기 위함이었다(출 20:20). 결국 백성들은 호렙산의 광경을 보고 하나님을 경외하는 마음을 가졌고 그 분의 말씀에 순종하겠다는 고백을 했다. 하나님께서는 백성들이 모세에게 하는 고백의 말을 듣고 기뻐하셨다. 하나님께서 백성들에게 율법을 주신 것은 그들을 얽매이게 하려는 것이 아니었다. 백성들에게 복을 주기 위함이었다(29절). 백성들이 하나님의 말씀을 듣고 순종하여 그들과 그들의 자손이 복을 받기를 원하셨다. 신명기에 자주 나타나는 단어들인 명령(המצוה), 규례(החקים), 법도(המשׁפטים)는 일반적으로 율법 전체를 가리킬 때 사용되는 용어들이다(4:1, 5:1, 6:1). 모세의 사명은 하나님의 율법을 백성들에게 부지런히 가르치고 그들로 순종하게 하는 것이었다(31절). 이제 모세는 그의 메시지를 듣는 당시의 청중들에게 권고한다. 출애굽 32절과 33절은 결론적인 권고의 메시지이다. 백성들은 좌로나 우로나 치우치지 말고 하나님의 계명에 순종해야 한다(32절, 수 1:7; 잠 4:27). 그리하면 백성들은 약속의 땅에서 살고 장수와 복을 누릴 것이다(33절).

성도들이 하나님의 말씀에 순종하겠다고 고백하여도 그 실천은 쉽게 되지는 않는다. 성도는 하나님의 말씀에 도전을 받아서 순종의 생활에 전념해야 한다. 인간 안에는 선한 것이 없다. 하나님의 말씀에 순종하는 삶을 위해 전적으로 성령의 도우심을 구하며 겸손하게 나아가야 한다.

항상 하나님을 경외하는 자세로 살아가고 있는가? 하나님의 의로움과 선하신 뜻에 복종하는 삶을 위해 전념하고 있는가?

3. 언약 원리의 본질: 하나님 여호와를 사랑하라 (6:1~25)

(1) 자녀들에게 가르치라 (6:1~9)

율법에 대한 일반적인 조항들을 설명하기 전에 모세는 하나님의 율법을 어떻게 가르치고 전수해야하는지를 역설하고 있다. 2,3절 말씀은 5:32-33을 다시 반복 한다. 2절에서 모세는 '너와 네 아들과 네 손자들' 이란 3대를 소개한다. 이는 여러 세대를 걸쳐 하나님을 경외하는 가정을 이루라는 명령이다. 젖과 꿀이 흐르는 땅이란 표현은 풍요롭고 기름진 땅을 묘사하는 관용적 표현이다(출 3:8, 17; 레 20:24; 민 13:27). 4,5절은 하나님과 언약 관계의 원리를 규정해 주는 가장 중요한 원리이다. 4절에서 하나님의 본질적 속성을 소개하고 5절은 백성들의 책임을 명시한다.

'하나님은 한 분이시다' 란 표현 (히. יהוה אלהינו יהוה אחד, 아도나이 엘로헤이누 아도나이 에하드)은 하나님의 절대성과 유일성을 나타낸다. 이 같은 선언은 당시 다신론적인 세계관 속에 살고 있는 백성들에게 하나님 유일신 사상의 기반을 가르치는 것이다. 그런데 이러한 신앙을 전수하는 가장 중요한 곳은 바로 가정이다. 이스라엘의 가정은 하나님의 말씀이 교육되고 전수되는 말씀 교육의 현장이 되어야 한다. 자녀들과 다음 세대들에게 하나님의 말씀을 가르치고 전수하는 것이 하나님의 중대한 명령이며 관심사이다. 왜냐하면 신앙이 한 세대를 넘어 오고 오는 세대에 이어져 신실한 언약 백성들의 믿음의 대가 이어지는 것이 하나님의 목적이기 때문이다. 부모와 교회 학교 교사들은 먼저 마음과 뜻과 정성을 다하여 하나님을 사랑하는 신앙의 본을 보여야 한다. 그래야 자녀들의 마음에 하나님의 말씀을 새길 수 있다. 또한 부모는 자녀들에게 하나님의 말씀을 부지런함과 성실함으로 가르치는 일에 최선을 다해야 한다. 성도들은 바른 신앙과 믿음을 다음 세대에 전수해야 할 막중한 책임이 있다. 부모의 믿음이 당대에 끝나는 것처럼 불행한 일은 없다. 하나님을 경외하고 그 분의 말씀에 순종하는 신앙은 반드시 자녀와 다음 세대에게 전해져야 한다. 그래야 가정과 교회의 앞날에 소망이 있다.

자녀들에게 세상 학문만을 강요하지는 않는가? 가정과 주일학교에서 하나님의 말씀을 부지런히 가르치고 있는가?

(2) 여호와를 잊지 말라 (6:10~15)

하나님께서는 아브라함과 이삭과 야곱에게 하신 약속을 반드시 이루신다(10절, 창 13:14-18; 15:18-21; 17:1-8; 26:1-4). 하나님은 이스라엘 백성들에게 땅만 주시는 것이 아니고 그 안에서 누리는 풍성한 복을 주신다고 약속하신다. 이러한 하나님의 복은 이스라엘 백성들의 노력을 통하여 얻는 것이 아니라 전적인 하나님의 은혜로 주어지는 것이다(11절). 그러나 하나님의 마음 한 구석에 근심이 있다. 이스라엘 백성들이 가나안 땅의 풍요로움을 누리게 될 때 하나님을 잊어버리고 우상을 섬기게 되지 않을까하는 걱정이다(12-15절). 그러므로 백성들은 조심해야 한다고 말씀한다. 백성들은 하나님의 은혜를 잊지 말고[14] 하나님만 섬겨야 한다(12절). 절대로 가나안 백성의 신들을 섬기지 말라고 경고한다. 왜냐하면 하나님은 그들을 애굽 땅에서 인도하신 분이시다(4:20, 34; 7:18,19; 8:14; 11:2). 출애굽 구원사건을 언약관계의 기반이 되는 사건이다. 또한 하나님은 질투의 하나님이기 때문이다(4:24; 5:9, 출 34:14; 수 24:19). 하나님께서 자기 백성들에게 가나안 땅

---

14) 하나님의 은혜를 '잊지 말라' (פֶּן־תִּשְׁכַּח)는 표현은 신4:9에도 나타난다.

을 선물로 주시지만 그 곳에서 우상을 섬긴다면 하나님께서 진노하고 그들을 진멸시키실 것이다. 성도들은 삶의 풍요와 평안함 때문에 하나님을 잊어버리는 일이 없도록 해야 한다. 이 땅에서 하나님의 은혜와 축복을 누릴 때 늘 조심해야 한다. 이 세상의 누룩이 성도들의 마음속에 퍼지지 않도록 주의해야 한다. 복을 주는 하나님보다 복 자체를 사랑하고 추구한다면 그 복이 우상이 된다. 그 복이 하나님을 사랑하는 믿음의 삶에 올무가 될 수도 있다.

육신의 평안함과 물질적 풍요함 때문에 영적인 삶이 나태해 지지는 않았는가? 하나님의 질투심을 유발하는 내 안에 있는 우상은 무엇인가?

(3) 명령과 증거를 지키라(6:16~19)

이스라엘 백성들이 출애굽하여 르비딤에 이르렀을 때 그곳에 마실 물이 없어서 하나님을 원망하였다(출 17:1-7). 백성들이 원망한 이유는 하나님께서 그들 가운데 계신가 안 계신가 시험하기 위함이었다. 하나님께서는 원망 불평하며 자신의 존재를 시험하는 행위를 기뻐하지 않으신다. 하나님의 백성은 어떤 상황과 환경 속에서도 살아계신 하나님을 믿고 그 분의 명령과 규례를 지켜야 한다. 하나님 보기에 정직하고 선량한 일을 행해야 한다. 그리하면 하나님께서 약속하신 복을 받고 누릴 수 있다. 언약에 대한 순종은 가나안 땅에서 복을 누리는 전제 조건이 된다. 하나님을 사랑하는 것과 하나님의 계명을 지키는 것을 결코 분리시킬 수 없다. 또한 하나님의 말씀을 묵상하고 순종하는 삶 그 자체가 하나님의 복을 누리는 삶이다. 성도들은 하나님을 시험하지 말고 그 분의 말씀을 순종해야 한다. 하나님께 불평하는 삶은 하나님의 은혜와 축복을 점점 멀어지게 한다. 그러나 하나님의 말씀을 사랑하고 순종하는 삶은 풍성한 하나님의 복을 누리고 언약을 이루는 통로가 된다는 사실을 잊지 말아야 한다.

힘들고 어려운 환경 가운데 하나님을 의심하고 불평하지는 않습니까? 하나님 보기시에 정직한 결정과 행위를 위해 할 일들은 무엇입니까?

(4) 자녀들의 질문과 대답 (6:20~25)

장차 자녀들이 율법의 의미에 관하여 질문을 할 때 다음과 같이 가르치라고 말씀한다. 이야기 형태로 자녀들에게 가르치라고 한다.[15] 먼저 하나님께서 이스라엘 백성들을 애굽 땅에서 인도하여 구원하셨다는 사실을 교육하라고 말씀하신다. 하나님께서는 이스라엘 백성들을 애굽의 압제에서 구원하신 분이시다. 이는 백성들이 하나님께서 조상들에게 약속하신 가나안 땅에 살게 하시기 위함이었다. 또한 이스라엘 백성들은 약속의 땅에서 살아갈 때 여호와 하나님을 경외하며 그의 모든 규례를 지키며 살아가야 할 것을 자녀들에게 가르쳐야했다. 하나님께서 백성들에게 규례를 지키라 명하신 것은 백성들을 위해서다. 하나님 여호와를 경외하여 백성들이 항상 복을 누리게 함이다. 하나님을 경외하면 복을 누리는 삶은 과거에도 그러했고 현재에도 백성

15) Eugene H. Merrill, *Deuteronomy* (Tennessee: Broadman&Holman, 1994), 174.

들이 경험하고 있는 것이며 미래에도 그러할 것이다. 백성들이 하나님을 경외하며 순종하는 삶이 바로 하나님 앞에 의로움이다(창 15:6). 그렇다고 이스라엘이 행위의 공로로 의롭다함을 받는 것은 아니다. 하나님께서 은혜를 베푸시기에 의롭게 된다. 성도들은 죄와 어둠의 세력에서 우리를 구원하신 하나님의 은혜에 대한 보답으로 순종하는 삶을 살아야 한다. 나아가 성도들은 예수 그리스도의 십자가를 통한 하나님의 구속의 은혜를 자녀들에게 가르쳐야 한다. 자녀들이 예수 그리스도 안에 있는 믿음으로 말미암아 구원의 확신을 갖도록 해야 한다. 그들이 하나님을 경외하고 사랑하는 믿음으로 하나님의 말씀에 순종하는 삶을 살아갈 수 있도록 가르쳐야 한다. 모든 착함과 의로움과 진실함의 열매를 맺는 빛의 자녀들이 되어야 한다.

자녀들에게 예수 그리스도 안에 있는 구원의 진리를 가르치고 있는가? 예수 그리스도의 십자가의 은혜를 순종의 삶으로 보답하고 있는가?

4. 언약 백성의 정체성과 삶의 원리 (7:1~26)

(1) 가나안 족속 진멸 (7:1~5)

이스라엘 백성들이 가나안 땅에 들어가서 그 곳 거민들과 싸울 때 한 사람도 남기지 말고 모두 진멸하라고 명하신다(2:34). 이스라엘 백성들은 그들과 어떤 언약도 세우지 말고 불쌍히 여기지도 말아야 한다. 그들과의 결혼은 물론 그 어떤 교류도 금한다. 왜냐하면 그들이 이스라엘 백성을 유혹하여 다른 신들을 섬기게 하기 때문이다. 이스라엘 백성들이 유혹을 받아 우상을 섬기면 하나님의 진노와 심판을 결코 피할 수 없다. 이스라엘 백성들이 가나안 땅에 들어가서 가장 먼저 할 일은 그들의 제단을 헐어버리고 모든 우상을 불사르는 것이다. 성도들은 이 세상과 타협하지 말아야 한다. 때로는 세상이 우리보다 더 크게 보이며 아름다워 보일 수도 있다. 그러나 성도가 이 세상을 벗삼아 살아간다면 하나님의 진노를 일으킬 것이다(요일 2:15,16). 성도들이 세상을 사랑하고 죄와 타협할 때 하나님 백성으로서 정체성을 상실할 수 있다. 마음속에서 일어나는 작은 탐심이 커다란 영적 문제를 유발할 수 있다. 그러므로 죄악은 그 어떤 모양이라도 버려야 하며 믿음에서 떠나게 하는 환경은 제거해야 한다. 성도는 결코 사단에게 틈을 주지 말아야 한다.

온전히 청산하지 못하고 자주 타협하는 죄악은 무엇인가? 끊어야 할 온전치 못한 관계나 지금 버려야할 우상은 무엇인가?

(2) 택함 받은 거룩한 백성 (7:6~11)

가나안 땅을 향해 나아가는 이스라엘 백성들은 자신들이 누구인지 바로 알아야 했다. 왜냐하면 가나안 땅의 여러 족속들은 하나님을 모르고 이 세상의 우상과 풍습을 따라 살아가고 있기 때문이다. 이스라엘 백성들은 하나님의 성민이며 여러 민족들 가운데 특별히 택함을 입은 자들이다.[16] 하나님께서는 이스라엘 백성들이 다른 민족들 보다 우월하거나 수가 많아서 택하신 것은 아니다. 오직 하나님 자신의 은혜와 주권적 사랑으로 그들을 택하셨다. 이스라엘 백성들을 택하신 하나님은 이스라엘의 족장들과 맺은 언약을 지키시기 위해 이스라엘을 애굽에서 구원하셨다. 따라서 이스라엘 백성들은 구원받고 택함받은 은혜에 감사하여 하나님을 사랑하고 그분의 계명을 지켜야 한다. 하나님께서는 이러한 삶을 살아가는 자들에게는 천 대까지 언약을 지키시며 인애를 베푸신다. 11절에 사용된 '명령과 규례와 법도'는 전체 언약을 의미한다.[17] 이 세상을 살아가는 성도들은 항상 자신의 정체성을 바로 해야 한다. 성도들은 세상과 섞일 수 없는 구분된 백성이다. 예수 그리스도의 피뿌림을 얻기 위해 하나님께 택함을 받은 자들이다. 그러므로 이 세상 사람들과 구분되는 삶을 살아가야 한다. 하나님을 사랑하고 그의 계명을 힘써 지켜야 한다.

내가 예수 안에서 하나님의 택함을 입은 구원 받은 백성이란 확신이 있는가? 이 세상과 구분되는 삶의 모습은 구체적으로 무엇이라 생각하는가?

(3) 순종의 축복 (7:12~16)

이스라엘 백성들의 순종에는 반드시 하나님의 축복이 있다. 사랑,

---

16) 이스라엘의 정체성을 말해주는 6절은 언약적 용어가 나타난다. 성민(עם קדוש, 암 카도쉬), 택했다(בחר, 바하르), 기업의 (소유된) 백성(עם סגלה, 암 세굴라). 세굴라는 왕 개인이 소장하고 있는 소중한 보석이다. 특히 6절은 출19:5,6을 상기시켜준다. 참조. 신26:16-19.

17) 모세는 신명기에서 이 용어들을 반복하여 사용하므로 그 중요성을 강조한다. 참조. 4:1,40; 5:1; 6:1,20; 8:11; 10:12-13; 11:1, 32; 12:1; 26:16; 30:15-16.

복, 번성, 은혜, 풍성함이다. 하나님은 이스라엘 백성들을 위해 풍성한 은혜와 축복을 준비하였다. 그들이 가나안 땅에서 생활하는데 필요한 양식, 가축, 건강, 번성, 보호하심 뿐만 아니라 만민 가운데 뛰어날 것도 약속하셨다. 하나님께서는 이스라엘 백성들의 삶의 모든 부분에 관심을 가지시고 구원의 은혜를 베풀시길 원하신다. 하나님의 준비된 복들은 하나님의 말씀을 듣고 지켜 행하면 주어질 것이라고 약속하신다. 백성들은 가나안 땅에 들어가서 모든 민족들을 진멸하고 올무가 되는 그들의 신을 섬기지 말아야 한다. 하나님께서는 말씀에 순종하는 성도들을 사랑하시고 은혜를 베푸신다. 구원은 하나님의 전적인 은혜로 받으나 삶속에서 하나님의 복을 누리는 길은 순종을 통해서 가능하다. 하나님께서는 성도들을 사랑하시고 복을 주시길 원하신다. 하나님은 좋으신 하나님이시다. 성도들의 삶이 형통하길 원하신다. 성도들은 은혜와 복을 주시는 하나님을 사랑하고 하나님의 말씀을 순종하는 삶을 살아가야 한다. 세상을 사랑하고 추구하여 올무에 빠지지 말아야 한다. 하나님의 말씀에 순종하는 삶 자체가 큰 복이다.

늘 하나님의 말씀을 묵상하고 순종하기에 힘쓰는 삶을 살아갑니까? 모든 복의 근원이 하나님이심을 믿고 하나님께 나아가 순종하며 간구하는가?

(4) 두려워 말라 (7:17~26)

이스라엘 백성들이 가나안 땅에 들어가기 전 그들 마음 한 구석에는 두려움이 있었다. 가나안 백성들의 수가 많고 강하게 보였기 때문이다. 그러나 하나님께서는 결코 그들을 두려워하지 말라고 반복하여 명하신다(18, 21절).[18] 이스라엘 백성들이 진정으로 두려워할 것은 가나안 백성들이 아니고 하나님이다. 모든 전쟁은 하나님께 속하였고 크고 두려우신 하나님께서 자신의 백성들 가운데 거하시기 때문이다. 오히려 가나안 땅에 들어간 백성들이 경계해야 할 것은 가나안의 문화와 우상들이다. 이스라엘 백성들은 그들에게 덫이 되는 가나안의 우상들을 완전히 진멸해야만 한다. 그리고 그 우상들에게 입힌 은이나 금을 탐내지 말아야 한다. 하나님은 가나안 족속들을 조금씩 점진적으로 쫓아내겠다고 하신다. 급진적인 정복으로 땅이 황폐화 되고 들짐승이 번성함을 막기 위함이다(출 23:29, 30). 또한 가나안 족속을 통하여 이스라엘 백성들을 시험하기 위해서다(삿 2:22, 23). 하나님의 백성들은 이 세상을 두려워하지 말아야 한다. 왜냐하면 예수 그리스도께서 이미 세상을 이기셨기 때문이다. 하나님의 백성들이 경계해야 할 것은 세상의 우상과 탐심이다. 하나님께서 가증하게 여기는 것들을 성도들의 가정에 들이면 안 된다. 하나님을 경외하고 성결하게 사는 길이 이 세상을 이기는 길이다. 성도는 우리를 위해 싸우시는 하나님을 믿고 끝까지 순종해야 한다. 영적 전쟁의 승리는 하나님께 대한 거룩함과 순종함에 달려 있다.

예수 그리스도께서 모든 영적 싸움에서 승리를 주는 분임을 믿고

18) 18절에서 "두려워하지 말고"는 히브리어로 לא תירא(로 티라)이다. 21절에서도 반복된 "두려워하지 말라"는 לא תערץ (로 타아로츠)이다. ערץ (아라츠)는 '벌벌 떨다' 라는 더 강렬한 뉘앙스가 있다. 서로 다른 단어를 사용하면서 의미는 더 강화되었다.

순종하는가? 하나님께서 가증히 여기시는 우상이 나의 가정에 있지는 않은가?

5. 과거 불순종을 기반으로 한 경고 (8:1~10:22)

(1) 광야 길을 걷게 하신 이유(8:1~4)

모세는 이스라엘 백성들이 하나님의 모든 명령에 순종해야할 것을 다시 역설하면서 광야 시절을 회상한다. 이스라엘 백성들은 사십 년이란 오랜 세월 동안 광야 길을 걸어야만 했다. 하나님께서 그렇게 하신 것이다. 그 이유는 그들을 낮추고 시험하사 하나님의 명령을 순종하는지 알려는 의도였다. 광야 생활 기간 사람은 떡으로만 사는 것이 아니고 하나님의 입에서 나오는 말씀으로 산다는 영적 진리를 배워야 했다(마 4:4). 광야 사십 년 기간 동안 하나님은 백성들의 의식주를 모두 공급했다. 또한 맹수의 위협으로부터도 지켜주셨다. 왜냐하면 그들은 하나님의 백성들이며 자녀들이기 때문이다. 하나님께서는 성도가 하나님을 사랑하는지 말씀에 순종하는지 시험(test)하신다. 하나님의 시험 가운데 있을 때 성도는 믿음으로 반응하며 하나님의 말씀에 순종해야 한다. 성도들은 무엇을 먹을까 무엇을 입을까라는 이 세상의 걱정을 버려야 한다. 공중에 나는 새들을 돌보는 하나님은 자기 백성들을 섬세하게 돌보신다는 것을 믿어야 한다. 성도들은 오히려 하나님의 말씀을 사랑하고 그 말씀에 순종하는 삶을 양식으로 삼아야 한다. 모든 시험과 환란 가운데 하나님을 사랑하는 끊을 놓치지 말고 말씀의 능력을 경험해야 한다.

하나님의 말씀을 영적 양식으로 삼고 그 말씀에 믿음으로 순종하는가? 믿음의 시험 가운데 있을 때 하나님의 말씀에 순종하고 있는가?

(2) 아름다운 땅을 예비하셨다 (8:5~10)

이스라엘 백성들의 광야 생활은 하나님의 징계의 기간이었다. 그러나 그 징계는 아버지가 아들을 징계하는 사랑의 훈련 과정이기도 했다. 따라서 이스라엘 백성들은 광야 생활을 허락하신 하나님의 의도를 깨닫고 하나님의 명령을 지켜 순종하고 그 분을 경외해야 했다. 하나님께서 자기 백성들에게 원하시는 것은 말씀에 순종하며 하나님을 사랑하는 삶이다. 이스라엘 백성들이 광야 길을 통과하면 그들에게 아름다운 땅이 준비되어 있다. 그 땅은 광야와 전혀 다른 곳이며 모든 것에 부족함이 없고 풍부함이 넘치는 옥토이다. 백성들이 이 땅에 이르면 하나님께서 이렇게 아름다운 곳을 주셨음을 인하여 하나님의 이름을 찬송할 것이다. 성도들은 이 땅을 살아가면서 광야와 같은 척박한 삶을 살아갈 때가 있다. 광야 생활의 시험 가운데 견고한 믿음으로 흔들리지 말고 하나님을 더욱 더 신뢰해야 한다. 시험과 환란 가운데 있는 성도들은 자녀들을 돌보시는 하나님 아버지의 사랑을 기억하며 낙심치 말아야 한다. 시험의 때는 내 안에 있는 믿음을 증명해 보이는 시간들이기에 귀하다. 아름다운 회복과 풍성한 은혜가 있는 약속의 땅으로 나아갈 것을 믿고 인내해야 한다.

오랜 시험과 환란 가운데 낙심에 빠져있지는 않는가? 아름다운 땅이 앞에 있음을 믿고 인내하는가?

(3) 풍부할 때 기억하라 (8:11~16)

가나안 땅에 들어간 백성들이 그곳에서 풍요로운 삶을 살고 번성할 때에 마음이 교만해지는 것을 경계해야 했다. 그들의 하나님 여호와를 잊어서는 안 된다.[19] 물질과 경제적 풍요로움은 하나님을 떠나게 하는 영적 올무가 될 수 있기 때문이다. 하나님께서 이스라엘 백성들을 애굽 땅에서 건져내어 험한 광야를 지나게 하신 것은 그들을 낮추시며 시험하사 마침내 복을 주기 위함이었다. 하나님은 자신의 백성들에게 복 주시길 기뻐하시는 분이다. 그러나 하나님의 복이 넘칠 때 마치 자신의 힘으로 그렇게 된 것처럼 생각하여 교만에 빠진다면 오히려 복이 독으로 변한다. 인간은 간사하여 환란 가운데서는 하나님께 부르짖으나 환란이 지나면 하나님을 잊어버리고 영적 나태함에 빠진다. 성도들은 늘 하나님을 삶의 한 중심에 모시고 경외하는 삶을 살아야 한다. 한 순간도 하나님의 은혜와 사랑을 망각해서는 안 된다. 그러므로 성도들은 그 어떤 외적인 복에 마음을 빼앗기기 보다는 늘 하나님 한 분을 추구하며 그 분의 얼굴을 구하는 삶을 살아가

---

19) 8장은 하나님을 기억하고 잊어버리지 말라는 명령이 반복된다(2, 11, 18, 19). 기억하다는 히브리어로 זכר(자카르)이며 잊어버리다는 שָׁכח(샤카흐)이다.

A. 2절. וזכרת 기억하라

B. 11절. פן־תשׁכח 잊어버리지 않도록

A′ 18절 זכרת 기억하라

B′ 19절 אם־שׁכח 만약 잊어버린다면

야 한다. 또한 하나님께서 성도들에게 광야 생활을 허락하실 때 자신을 돌아보며 겸손히 하나님만을 의지하는 법을 배워야 한다.

하나님의 은혜를 망각하고 이 세상의 탐심과 교만에 빠져 있지는 않는가? 인생의 광야 생활 가운데 낙심하거나 절망에 빠져 있지는 않는가? 복 주시는 하나님만을 바라보는가?

(4) 다른 신을 섬기지 말라 (8:17~20)

이스라엘 백성들이 가나안 땅에서 누리는 풍성한 축복은 그들의 노력의 결과는 아니었다. 하나님께서 백성들에게 재물 얻을 능력을 주셨기 때문이며 하나님께서 이스라엘 백성의 조상들에게 약속하신 것을 이루신 까닭이다. 가나안에서 누리는 풍성한 삶은 하나님의 은혜이며 그 분의 신실함의 결과이다. 그러므로 이스라엘 백성들은 그 땅에서 신실하신 하나님 한 분만을 섬기며 예배해야 한다. 만일 하나님을 잊어버리고 다른 신들을 따라 섬긴다면 하나님의 진노가 속히 임하여 피할 수 없는 멸망의 길을 걷게 될 것이다. 가나안 족속들이 멸망한 것처럼 이스라엘 백성들도 그 땅에서 황폐함을 경험할 것이다. 성도들의 삶을 붙들고 있는 것은 하나님의 은혜다. 하나님께서는 성도들의 먹을 것과 입을 것을 주시며 생명을 보호하신다. 성도들은 나를 붙들고 계시는 한량없는 하나님의 은혜를 늘 찬양하며 묵상해야 한다. 우리가 이 땅에서 호흡하며 살아가는 모든 것은 하나님의 은혜가 우리를 둘러싸고 있기 때문이다.

오늘도 호흡하며 살아갈 수 있는 은혜를 주신 하나님께 감사하고 있는가? 예수 그리스도의 십자가에 나타난 하나님의 은혜와 사랑을 묵상하는가?

(5) 자기 의에 빠지지 말라 (9:1~8)

1절은 "이스라엘아 들으라"란 명령법으로 시작하여 내용의 긴급함과 중요성을 강조하면서 청중들의 주의를 환기시킨다(6:4). 가나안 땅은 견고한 성읍과 크고 많은 아낙 자손들이 살고 있는 곳이었다. 2절은 38년전 가데스 바네아 사건을 회상하며 당시 백성들의 불신앙적 보고를 인용한다: "누가 아낙 자손을 능히 당하리요?"(1:28, 민 13:28). 당시 백성은 가나안 성읍을 자신들의 힘으로는 결코 점령할 수 없는 강하고 견고한 성읍이라고 생각했다. 그러나 하나님께서는 맹렬한 불과 같이 이스라엘 백성들 앞에 행하셔서 가나안 족속들을 멸망시킬 것을 약속하신다. 하나님께서 친히 백성들을 위해 싸워주시겠다고 약속하신다. 가나안 정복 전쟁의 승리는 전적인 하나님의 은혜다. 백성들의 공의로움 때문도 아니며 그들의 마음이 정직함 때문도 아니다. 가나안 족속의 악함을 인하여 그리고 아브라함과 이삭과 야곱에게 하신 언약을 지키기 위해 그들을 쫓아내는 것이다.

따라서 이스라엘 백성들은 가나안 땅을 차지하고 난 후에 스스로 교만해져서는 안 된다. 혹시 그들의 마음속에서 자신의 의와 능력을 은근히 자랑한다면 이는 하나님의 은혜를 무시하는 것이다. 백성들이 하나님의 은혜를 잊지 않기 위해서는 과거 불순종의 역사를 기억해야 한다. 또한 자신들의 본래 모습을 바로 직시하고 겸손해야 한다. 이스라엘 백성들은 원래 목이 곧은 백성들이었다. 백성들이 광야에서 하나님께 보여 주었던 것은 반복적인 불순종과 원망의 삶뿐이었다. 하나님을 기쁘시게 한 것보다 근심케 하는 일들이 더 많았다. 백성들이 과거에 하나님을 거역하고 불순종했던 모든 일들을 잊지 말고 기억하라고 명한다. 과거 사건들을 통하여 경고를 받고 하나님 앞에 겸손한 삶을 살아가야 한다. 성도들은 공로의식과 자기 의에 빠지지 말아야 한다. 성도들은 예수 그리스도의 십자가 사랑과 은혜 이외에는 하나님 앞에 자랑할 의가 없다. 나를 구원하신 것은 전적인 하나님의 은혜다(엡 2:8, 9). 오직 하나님의 은혜와 사랑만을 찬양하고 감사해야 한다. 예수 그리스도의 십자가의 은혜가 없었더라면 죄와 사망의 권세 아래서 모두 죽을 수밖에 없는 자들이다. 우리는 하나님의 은혜와 사랑을 받을 자격이 없는 자들이지만 오직 예수 그리스도의 십자가의 공로로 하나님 앞에 서게 된 자들이다. 성도가 자랑할 것은 오직 예수 그리스도의 십자가 은혜다.

하나님께서 내 앞에 행하시며 길을 예비하신다는 것을 믿고 신뢰하는가? 하나님의 은혜를 망각하고 나의 공로와 의를 자랑하고 있지는 않은가?

(6) 금송아지 우상을 만든 이스라엘 (9:9~21)

모세는 광야 금송아지 사건을 통해 하나님의 진노를 일으켰던 한 사건을 소개하면서 왜 하나님의 은혜가 중요한 가를 역설한다. 모세는 언약의 돌판을 받기 위해 시내산에 올라가 사십일을 금식하며 기다렸다. 40일 금식 후에 하나님께서 친히 손으로 기록한 돌판을 모세에게 주셨다.[20] 그러나 어리석은 백성들은 그 기간 동안 하나님을 떠나 스스로 부패하여 자기를 위해 우상을 만들었다(출 32:6,8).[21] 12절에서 하나님은 이들을 '자기 백성'이라고 부르지 않고 '네 백성' 즉 모세의 백성이라고 한다. 사십일을 밤낮 금식하며 하나님께 나아간 모세의 모습과 말씀을 떠나 자기를 위해 우상을 만든 백성들의 모습은 너무도 대조적이다. 백성들의 악행은 하나님의 진노를 유발하였고 하나님께서는 그들을 진멸하고 모세를 통하여 새로운 나라를 세우시려는 생각을 가지게 하였다(14절). 모세가 시내산에서 내려올 때 백성들이 우상을 만들어 섬기는 모습을 보고 두 돌판을 그들의 목전에서 깨뜨렸다. 그리고 하나님 앞에 다시 사십일 금식을 시작하였다. 모세의 금식 기도는 자기 사신을 위한 것이라기보다는 백성들을 위한 것이었다. 백성들의 죄악된 모습과 그들 위에 임할 하나님의 진노를 두려워했기에 기도한 것이다. 모세는 백성들의 죄 용서를 위해 자신의 이름을 생명책에서 지워달라고까지 했다(출 32:32). 결국 하나님의 진노는 모세의 기도를 통하여 거두어졌고 백성이 만든 금송아지를 불살

20) "그 돌판의 글은 하나님이 손으로 기록하신 것이요"란 표현은 신인동형동서론적인 표현(anthropomorphism)이다. 이는 하나님의 거룩한 임재와 능력으로 계명을 기록했다는 것이며 십계명의 신적인 기원을 강조한다(출31:18). Eugene E. Carpenter, "Dueteronomy," in *Zondervan Illustrated Bible Backgrounds Commentary* (Grand Rapids: Zondervan, 2009), 466.

21) 십계명 가운데 제 2 계명은 '자기를 위하여 새긴 우상을 만들지 말라'이다. 그런데 9:12절에서 하나님은 백성들이 스스로 부패하여 '자기를 위하여 우상을 부어 만들었다'고 한다(출 32:6,7,8; 신32:5). 인간이 우상을 만드는 것은 자신을 섬기기 위해서다.

라 찧고 티끌 같이 갈아 시내에 뿌렸다(출 32:20).[22)]

성도들은 믿음에서 떠나 부패한 삶을 살아가지 않도록 늘 깨어 있어야 한다. 하나님의 말씀을 떠나면 자기를 위한 우상을 만들게 된다. 죄악된 인간의 본성은 하나님의 말씀을 떠나 자기중심적인 삶을 살아가는 것을 추구하게 한다. 따라서 성도는 바른 믿음의 사람들과 영적 지도자로부터 권면을 듣고 신앙의 지도를 받아야 한다. 성도들은 남을 위해 기도하는 제사장으로 부름 받은 자들이다(벧전 2:9). 나의 문제뿐만 아니라 나라와 민족과 이웃을 위해 기도해야 한다. 예수님께서도 죄인을 위해 기도하시며 십자가를 지셨다. 성도들은 이웃과 나라와 민족의 죄악을 자신의 문제로 여기며 때로는 금식하며 기도해야 한다.

하나님의 영광이 아닌 나 자신을 위해 만드는 우상은 무엇인가? 교회와 이웃과 나라를 위해 금식하며 간구하는가?

(7) 과거 불순종의 역사 (9:22~24)

백성들이 하나님의 은혜를 잊지 않게 하기 위해 모세는 다베라와 맛사와 기브롯 핫다아와에서 발생한 또 다른 과거 사건을 소개한다.[23)] 다베라(불사름)는 이스라엘 백성들이 악한 말로 하나님을 원망

---

22) 백성들이 만든 우상은 애굽의 풍요와 다산의 신인 '아피스 황소(Apis bull)'였다. 이스라엘 백성들은 아직도 애굽의 잔재를 버리지 못하였다.

23) 9장 8절과 22절에서 공통적으로 반복되는 어구는 "여호와를 격노하게 하였다(הקצפתם את־יהוה, 히카차프템 에트 아도나이)" 이다. 이를 통해 이스라엘

하여 여호와의 불이 나와 일부 백성들을 사르게 한 장소였다(민 11:1-3). 맛사(시험)는 백성들이 마실 물이 없다고 모세를 원망하며 다툰 장소였다(출 17:1-7). 기브롯 핫다아와(탐욕의 무덤)에서는 고기 먹기를 탐한 백성들이 원망하다가 장사된 곳이다(민 11:4-35). 가데스 바네아는 가나안 땅을 정탐한 열명의 정탐군들이 원망한 곳이었다(민 13:1-14:38). 이 장소들의 공통점은 원망과 불순종의 장소들이다. 이스라엘 백성들이 애굽 땅에서 나온 후부터 광야 생활을 하는 동안 그들은 원망과 불순종만을 일삼았다(24절). 그들의 광야 생활은 하나님의 말씀을 거부하며 믿지 아니한 불순종의 역사로 점철된다. 그럼에도 불구하고 하나님께서는 백성들에게 은혜를 베푸시고 가나안 땅에 들어가게 하신다. 이는 전적인 하나님의 은혜다. 성도는 과거 불순종과 수치의 역사를 기억하며 교훈을 받을 수 있어야 한다. 이스라엘 백성들이 교만에 빠져 자기 의를 드러낼까 염려하여 모세는 그들의 불순종의 역사를 상기시킨다. 성도들은 예전에 자신의 죄와 허물로 인하여 죽었던 자들이다. 그러나 우리를 위해 대신 죽으신 예수 그리스도의 은혜로 다시 산 자들이다. 성도는 이 은혜를 늘 기억하며 감사하며 하나님과 사람 앞에 겸손해야 한다.

지금 내 인생에 순종의 역사를 만들어 가고 있는가 아니면 불순종의 역사를 만들어 가는가? 전적으로 부패하고 무능한 나를 구원하신 예수 그리스도의 은혜에 감사하는가?

백성들은 자신의 죄악으로 하나님의 진노를 유발시켰고 죽을 수 밖에 없던 자들이었음을 강조한다.

(8) 모세의 기도 (9:25~29)

25절은 18절의 금식 기도와 동일한 사건이고 그 연장선 가운데 이해해야 한다. 이스라엘 백성들의 불순종을 심판하시려는 하나님의 진노 앞에 모세는 엎드려 기도했다. 모세의 간절한 기도 속에는 이스라엘 백성들을 사랑하는 마음이 베어나고 있다. 모세는 분명한 논리와 함께 과거 역사 속에서 하나님께서 행하신 구원 사역을 기반으로 하나님께 간구하고 있다. 이스라엘 백성들은 하나님께서 친히 애굽에서 구원하신 백성이며 하나님의 기업임을 호소하며 간구한다(26절). 또한 하나님께서 이스라엘 족장들과 맺은 언약을 근거로 죄 용서를 간구하고 있다(27절). 백성들의 의로움이 아닌 하나님의 전적인 자비와 구원에 의지하여 기도한다. 하나님 자신의 영광과 명예를 위해서 백성들의 죄를 용서하고 작정한 심판을 철회해 달라고 기도한다. 백성을 위한 모세의 기도는 결코 중언부언하는 기도가 아니었다. 하나님의 인격과 구원사역을 근거로 한 기도였다. 기도는 살아계신 하나님의 인격과의 만남이다. 그러므로 성도의 기도는 하나님의 말씀을 근거로 하나님의 신실한 인격에 호소해야 한다. 성도들은 자신뿐 아니라 자신이 속한 공동체를 회개하며 기도해야 한다. 진정한 영적 리더는 공동체의 일원을 위해 기도하는 자이다.

이웃과 내가 속한 공동체를 위해 간구하는가? 하나님의 약속의 말씀과 인격에 호소하며 간구하는가?

(9) 십계명을 다시 받는 모세 (10:1~5)

하나님께서는 기도에 응답하신다. 모세는 불순종하는 백성들을 위해 간구했으며 결국 하나님께서는 모세의 기도를 듣고 그들을 심판하려는 뜻을 돌이키신다. 하나님께서는 모세가 깨뜨린 돌판과 같은 두 돌판을 다시 다듬고 조각목으로 궤를 만들라고 명한다.[24] 모세가 두 돌판을 가지고 산으로 올라왔을 때 하나님께서 십계명을 다시 그 돌판에 기록해 주셨다. 하나님께서 백성들에게 다시 한 번 기회를 주신 것이다. 이스라엘 백성들은 자신들의 죄악을 회개치도 아니한 목이 곧은 백성들이었다. 하나님의 심판이 그들 위에 있었으나 모세가 백성들을 위해 기도했을 때 하나님은 진노를 돌이키셨다. 한 사람 모세의 간절한 기도가 하나님의 마음을 움직인 것이다.

성도들은 자신의 문제를 벗어나 남을 위해 기도하는 삶을 살아야 한다. 한 사람 의인의 진실한 간구는 하늘 보좌를 움직이는 힘이 있다(약 5:16). 하나님께서는 회개하며 나오는 자들의 기도를 들으시고 다시 한 번 일어설 기회를 주신다. 숨은 기도의 용사들의 기도가 나라와 민족을 지켜주고 있다.

기도를 들으시고 행하시는 하나님을 신뢰하며 믿음으로 기도하는가? 오늘 내 기도가 필요한 이웃들은 누구인가?

---

24) 출애굽기의 내용(34:1-5)과 비교해 볼 때 신명기는 조각목으로 궤를 만들라는 내용이 추가되었다(1,3,5절). 논란이 될 수 있는 구절이다. 왜냐하면 모세가 두 번째 돌판을 받기 위해 시내 산에 오른 때와 실제 언약궤를 만든 시기 사이에는 적어도 6개월 이상의 차이가 나기 때문이다. 이는 지성소에 두었던 언약궤일 수도 있고 아니면 십계명 두 돌판을 임시적으로 보관해 놓은 보관함이었을 수 있다. 과거를 회상하며 기록한 모세는 시간적 순서에 구애 받지 않고 사건의 교훈 중심으로 기록한다. Merrill, *Deuteronomy,* 198, 199.

(10) 참으시는 하나님 (10:6~11)

모세는 이스라엘 백성들이 하나님께 불순종한 장소들을 언급한다. 소개된 여러 장소들은 대부분 아직도 잘 알려지지 않은 곳이며 또한 여행의 시간적 순서로 나열된 것도 아니다. 이 장소들은 이스라엘 백성들이 역사 속에서 얼마나 하나님께 불순종했는지를 상기시켜 주며 동시에 그들에 대한 하나님의 은혜의 반응을 소개한다. 하나님께서는 레위 지파를 구분하여 여호와의 언약궤를 메고 여호와 앞에 서서 그를 섬기며 또한 백성들을 여호와의 이름으로 축복하는 사역을 하게 하였다(8절. 민 3:5-4:49; 8:6-22). 레위인들은 형제 중에서 따로 기업이 없고 오직 하나님 자신이 그들의 기업이었다. 그럼에도 불구하고 레위인의 지도자인 아론은 백성들이 우상을 섬기는 일을 막지 못했으며 오히려 그가 앞장섰다. 이러한 이스라엘의 불순종의 역사를 마무리하는 결론 부분에 모세는 다시 한 번 호렙 산에서의 자신의 기도를 언급하고 있다. 하나님께서 모세의 기도를 들으시고 불순종하는 백성들에게 인내를 보여 주셨고 다시 기회를 주셨다. 백성들의 불순종을 지배하는 것은 하나님의 은혜와 용서와 사랑이었다. 성도들이 의지해야 할 것은 하나님의 신실하심과 그리스도의 십자가 은혜다. 십자가 안에 다시 일어섬의 은혜가 있다. 하나님께서는 회개하는 자신의 백성들의 기도를 들으시고 새롭게 출발하는 기회를 허락하신다.

불순종의 삶을 날마다 십자가 앞에 나아가 회개하는가? 하나님의 인내와 신실함을 의지하여 예수 그리스도 안에서 다시 일어서는 회복의 은혜를 경험하고 있는가?

6. 현재 하나님께서 요구하시는 것 (10:12~11:32)

(1) 여호와를 경외하라 (10:12~16)

하나님께서 자기 백성들에게 원하시는 것을 모세는 수사학적 의문문을 사용하여 소개하고 있다(12절, 미 6:8).[25] 하나님께서 이스라엘에게 원하시는 것은 다음과 같다. 첫째, 하나님 여호와를 경외하는 삶(5:29; 6:2,13,24; 31:12,13), 둘째, 하나님의 모든 도를 행하는 삶(5:33; 11:22; 19:9; 26:17; 28:9; 30:16), 셋째, 하나님을 사랑하는 삶(5:10; 6:5; 7:9,13;11:1,13,22; 13:3; 19:9; 30:6,16,20), 넷째, 마음을 다하고 뜻을 다하여 하나님을 섬기는 삶(6:13; 7:4; 11:13; 13:4), 다섯째, 여호와의 명령과 규례를 지키는 삶(4:6; 6:1; 8:6,11; 11:8,22; 12:14; 26:16; 28:45)이다. 하나님께서 베풀어 주신 모든 계명들은 하나님 백성들의 행복을 위한 것이다. 하나님 백성들만이 누릴 수 있는 특권이다. 왜냐하면 온 우주 만물의 창조주인 하나님이 기뻐하고 먼저 사랑하사 택해 주신 백성들에게 계명을 주셨기 때문이다.[26] 말씀에 대한 순종의 삶은 이와 같은 하나님의 은혜에 대한 반응이다. 이를 위해 모세는 마음의 할례를 행하라고 명한다(16절). 할례는 언약 백성의 외적인 표이나 이것만으로

---

25) 히브리어 원문에서 12절은 ועתה (그리고 이제, 베아타)으로 시작한다. 이를 통하여 분위기를 전환하고 과거에서 현재 청중들에게 초점을 맞춘다. "네 하나님께서 네게 요구하시는 것이 무엇이냐?" (ישׂראל מה יהוה אלהיך שׁאל מעמך, 이스라엘 마 아도나이 엘로헤이카 쇼엘 메임마크).

26) 15절은 언약적 관계를 나타내는 용어들을 사용하여 하나님과 이스라엘 백성들 사이의 특별한 관계를 천명하고 있다: 기뻐하시고 (חשׁק, 하샤크), 사랑하사 (bha, 아하브), 택하셨음 (בחר, 바하르).

는 충분하지 않다(창 17:9-14). 하나님을 사랑하고 순종하는 삶을 위해서는 마음의 할례를 행해야 한다(렘 4:4). 성도들은 하나님께서 요구하시는 것이 무엇인지 알고 그 요구에 순종하는 삶을 살아야 한다. 성도들은 예수 그리스도의 십자가의 사랑과 구원의 은혜를 깊이 경험해야 한다. 그리스도 안에서 우리를 택해 주신 하나님의 은혜와 사랑에 대한 반응으로 하나님을 더욱 사랑하고 말씀에 순종하는 삶을 살아가야 한다. 진정한 행복은 하나님의 말씀을 묵상하고 준행하는 삶에 숨어 있다.

하나님께서 내게 요구하시는 구체적인 순종의 삶은 무엇인가? 예수 그리스도 안에서 나를 택하신 하나님의 사랑과 은혜에 감사하고 있는가?

(2) 나그네를 사랑하라 (10:17~22)

모세는 하나님을 사랑하고 계명에 순종하는 삶을 언급한 후에 하나님의 인격과 사역에 대해 설명하고 있다. 하나님은 이 세상 모든 신 가운데 최고신이며 크고 능하며 두려운 분이다(17절). 사람을 외모로 보지 않고 뇌물을 받지 않으며 고아와 과부를 위해 신원하고 나그네를 돌보는 분이다(18절). 이스라엘 백성들은 하나님의 이와 같은 성품을 본받아 그들도 나그네를 사랑해야 한다(19절). 20절은 12절을 다시 반복하여 하나님 경외를 강조하고 있다. 하나님은 이스라엘 백성들의 구원을 위해 애굽에서 크고 두려운 일을 행하셨다(21절). 칠십 명에 불과 했던 야곱의 후손들은 지금 하나님의 은혜로 하늘의 별과 같이 수많은 백성들을 이루었다(22절). 하나님은 약속한 것을 반드시 이루며 자기 백성들의 구원을 위해 항상 일한다. 이와 같은 하나님의 행사는 이스라엘이 하나님을 경외해야 하는 이유와 근거가 된다.

성도들은 하나님의 인격과 성품에 대해 잘 알아야 한다. 그래야 하나님을 기쁘게 할 수 있고 섬기는 삶을 살아갈 수 있다. 성도들은 하나님의 사랑과 자비의 성품을 이 세상에 드러내는 자들로 부름 받았다. 하나님을 사랑하고 경외하며 그 분과 친밀한 교제 속으로 날마다 들어가야 한다. 부정과 불의한 일을 거부하고 이 땅에서 가난하고 소외된 자들을 찾아가 하나님의 사랑을 실천해야 한다.

하나님의 행사와 인격을 알아가기 위해 날마다 말씀을 묵상하는가? 오늘도 내가 돌봐야할 소외되고 가난한 이웃은 누구인가?

(3) 하나님의 큰 일들 (11:1~7)

모세는 하나님이 이스라엘 백성들을 위해 행했던 과거의 일들을 기억하라고 한다(2절).[27] 하나님은 이스라엘 백성들을 구원하시기 위해 애굽에서 놀라운 이적과 기사를 행하셨다. 홍해 바다를 가르셨고 이스라엘을 뒤쫓아 오는 애굽 군대와 병거들을 홍해에 수장시켰다. 백성들이 광야를 지날 때에 하나님께서는 구름기둥과 불기둥으로 인도했고 만나와 메추라기로 먹을 것을 공급하였다. 하나님께서는 이스라엘을 위해 구원 사역을 행했을 뿐만 아니라 그들이 불순종했을 경

27) "기억하라"는 명령은 이미 8:11,18,19에서 언급되었다. 11:2절의 히브리어 원문은 וידעתם(비다아템, 너는 알라)로 기록되어 있다.

우에는 무서운 심판을 베풀기도 하셨다. 다단과 아비람이 모세의 권위에 도전했을 때는 땅이 입을 벌려 그들과 그들의 가족을 삼키기도 하였다. 이스라엘 백성들은 하나님께서 행하신 이 모든 일들을 눈으로 보았다. 그러므로 모세는 백성들이 하나님의 구원과 심판의 능력을 알고 하나님을 경외하고 그의 계명을 지키는 삶을 살아갈 것을 권고하고 있다. 성도들은 하나님을 온 마음으로 사랑하고 그의 계명을 지키는 삶을 살아가야 한다. 성도들은 예수 그리스도의 십자가에 나타난 하나님의 사랑과 공의를 바라보며 하나님을 사랑하고 그 사랑을 실천하는 삶을 살아가야 한다.

예수 그리스도의 십자가에 나타난 하나님의 사랑과 공의를 기억하고 있는가? 지금까지 나를 인도하셨던 하나님의 사랑과 은혜를 기억하며 감사하는 시간을 가지고 있는가?

(4) 약속의 땅 (11:8~12)

하나님의 큰 일들을 경험한 이스라엘 백성들은 하나님의 명령에 순종하는 삶으로 보답해야 한다. 하나님의 모든 명령을 지키면 이스라엘 백성들은 더욱 강성하고 가나안 땅을 차지하는 복을 누리며 그들의 날이 장구할 것이다. 가나안 애굽 땅과는 다르다. 애굽은 비가 거의 오지 않고 델타지역이기에 인공수로에 의존하여 물을 공급받아야 했다. 일 년에 일회씩 페달을 사용하여 물을 끌어오는 일을 해야 했다. 그러나 가나안 땅은 그렇지 않다. 그 곳은 젖과 꿀이 흐르는 곳이며 특별한 인간의 노력이나 노동이 없어도 하늘에서 내리는 비를 통하여 물을 얻을 수 있는 곳이었다. 하나님의 눈이 항상 머무는 곳이었다. 만일 이스라엘 백성들이 하나님의 말씀에 순종한다면 하나님께서 이 땅을 보살피사 비옥하게 하실 것이다. 그러나 백성들이 불순종한다면 하나님께서 내리는 비는 멈출 것이다. 따라서 이스라엘 백성들은 전적으로 하나님을 의지하고 그 말씀을 준행하는 삶을 통하여 가나안 땅의 풍성함을 누릴 수 있게 된다. 성도는 순종하는 삶을 통하여 하나님의 은혜를 누리게 된다. 내 삶의 현장이 하나님의 눈이 항상 머무는 곳임을 인식하고 하나님을 경외하는 마음으로 순종의 삶을 살아가야 한다.

형통한 삶을 주시는 분이 오직 하나님이심을 믿고 그분의 말씀에 전적으로 순종하는가? 내 인생의 모든 부분을 돌보시는 하나님께 맡겨야할 문제는 무엇인가?

(5) 여호와를 사랑하라 (11:13~17)

가나안 땅에 들어가는 이스라엘 백성들을 향한 반복적인 부탁은 마음을 다하고 뜻을 다하여 하나님을 사랑하고 그 분의 말씀에 순종하라는 것이다(11:1, 8). 만일 이스라엘 백성들이 이와 같은 순종의 삶을 산다면 하나님은 가나안 땅에 때에 따라 비를 내릴 것이다. 가축들을 위해서는 들판에 풍성한 풀이 날 것이며 백성들은 곡식과 포도주와 기름을 얻을 것이다. 그러나 만일 백성들이 가나안 땅의 문화에 미혹되어 다른 신을 섬긴다면 하나님의 진노가 그 땅에 임할 것이다. 하늘에서 비가 내리지 않을 것이며 땅은 풍성한 소산을 내지 않을 것이다. 가나안 땅이 젖과 꿀이 흐르는 땅으로 되는 것은 백성들의 순종 여부에 달려 있다. 성도들의 신앙생활의 본질은 하나님을 나의 전 존재를 다해 사랑하는 것이다. 하나님을 사랑하고 그 분의 말씀을 날마다 묵상하고 준행하는 삶이 참된 신앙의 본질이다. 하나님과 영적으로 바른 관계를 맺고 살아간다면 무엇을 먹을까 무엇을 입을까 염려할 필요가 없다. 왜냐하면 모든 삶의 필요를 하나님께서 친히 돌보실 것이기 때문이다. 하나님을 사랑하고 말씀에 순종하는 성도들은 전적으로 하나님의 자원으로 살아가게 된다.

하나님과의 영적 관계를 우선순위에 두고 생활하는가? 때에 따라 모든 쓸 것을 공급하시는 하나님을 신뢰하는가?

	이른비 (יורה)	늦은비 (מלקוש)
태양력	10,11월	2,3월
유대력	7,8월	11,12월
특성	이 비는 10월에 비가 내리며 밭을 갈고 씨 뿌리는 것을 준비시키는 비이다. 이른비가 내려야 오랫동안 굳었던 땅에 씨를 뿌릴 수 있다.	우기 말과 건기 초에 내린다. 곡식을 자라게 하며 풍부한 수확을 얻게 하는 비이다. 늦은비 후에 보리나 밀 등을 추수한다.

(6) 말씀을 마음에 두라 (11:18~21)

모세는 신명기 6장에서 언급한 하나님을 사랑하고 자녀들에게 말씀을 가르치라는 쉐마 명령을 다시 반복한다(11:18,19). 가나안 땅에 들어가는 이스라엘 백성들은 하나님의 말씀을 가슴에 두고 그 가운데 거해야 한다. 하나님은 이스라엘 백성들의 자녀들의 영적인 삶에도 큰 관심을 보인다. 백성들은 자신들만 하나님의 말씀을 가까이할 뿐 아니라 자녀들에게도 그 말씀을 진지하게 가르쳐야 했다. 자녀들의 일상생활에 하나님의 말씀이 뿌리 내리도록 모든 교육 방법을 다 동원해야 했다. 하나님은 영적인 유산이 한 세대에 머물기만을 원치 않았다. 하나님을 사랑하고 섬기는 믿음의 유산은 오고 오는 세대에 지속되어야 할 최고의 가치이다. 성도들은 하나님의 말씀을 마음에 새기고 모든 선택의 기준으로 삼아야 한다. 또한 하나님의 말씀을 자녀들에게 부지런히 가르쳐야 한다. 자녀들이 하나님의 복을 누리는 길은 그들도 하나님을 사랑하고 그 분의 말씀을 가까이 하는데 있다. 성도들은 자녀들이 하나님의 최고의 선물이며 영적인 기업임을 알고 하나님의 말씀의 원리에 따라 양육해야 한다. 부모의 가장 귀중한 사명은 자녀들에게 믿음을 전수하는 것이다.

이 세상의 타락한 문화로부터 자녀들을 보호하고 있는가? 인간적인 욕심을 버리고 자녀들을 하나님의 뜻에 맡게 양육하는가?

(7) 명령을 지켜 행하라 (11:22~25)

이스라엘 백성들이 가나안 땅을 정복하는 길은 그들의 군사력에 달려 있지 않다. 이스라엘 백성들이 발로 밟는 모든 곳을 주시는 분은 하나님이시다. 강대한 가나안 족속을 그 땅에서 쫓아내시는 분도 하나님이시다. 그러나 이러한 하나님의 능력을 경험하기 위해서는 조건이 있다. 만일 이스라엘 백성들이 하나님을 사랑하고 그분의 모든 명령을 잘 지켜 순종한다면 하나님께서 모든 정복 전쟁에서 승리를 가져다 주실 것이다. 이스라엘 백성들이 하나님을 사랑하고 순종한다면 하나님께서 그들의 삶의 견고한 반석이 되어 주실 것이다(25절).[28] 성도가 영적으로 승리하는 삶을 살기 위해서는 하나님을 사랑하고 그의 계명을 지켜야 한다. 이 세상을 살아가는 성도들은 인간의 힘과 재능이 아닌 하나님의 자원을 의지하며 살아가는 자들이다. 모든 영적 싸움에서 승리의 비결은 하나님을 사랑하고 그 분의 뜻에 순종하는 일에 달려 있다.

십자가에서 모든 승리를 이루신 예수 그리스도를 의지하고 순종하는 삶을 살아가는가? 예수 그리스도의 통치를 선포하고 정복해야할 영역은 어느 곳인가?

(8) 복과 저주 (11:26~32)

마치 에덴 동산의 한 가운데 생명나무와 선악과가 놓여 있듯이 이스라엘 백성들 앞에도 두 가지 길이 놓여 있다. 하나는 하나님의 명령에 순종하여 복을 받는 길이며 다른 하나는 하나님의 명령에 불순종하여 저주를 받는 길이다(27, 28절). 모세는 가나안 땅에 들어가면 세겜 땅에 위치한 그리심 산과 에발 산에서 각각 축복과 저주를 선포

---

28) 여호와를 사랑하라(אהב)는 명령은 11장1,13,22절에서 반복되고 있다. 이와 같은 반복을 통하여 언약백성들이 하나님을 사랑하는 것이 가장 중요한 삶의 자세임을 역설한다.

하라고 명한다. 다시 말하면 이방 문화와 종교의 중심지인 가나안 땅에서 언약을 다시 갱신하고 하나님의 백성다운 삶을 살아갈 것을 선언하라는 것이다. 그리심산과 에발산은 가나안 땅의 중심부에 서로 마주보고 위치한다(30절). 이스라엘 백성들은 가나안 땅에서 하나님과의 언약 관계를 다시 정비하고 그 땅을 하나님의 통치와 임재가 있는 땅으로 변화시켜야할 책임이 있다. 이를 위해 백성들이 감당해야 할 가장 중요한 임무는 하나님의 규례와 모든 법도를 지켜 행하는 것이다. 성도들은 범사에 하나님 말씀의 원리에 따르는 삶을 선택해야 한다. 이 세상의 삶의 길에는 하나님의 복으로 안내하는 길과 저주로 향하게 하는 길이 있다. 하나님의 말씀을 주야로 묵상하고 그 말씀에 순종하는 삶을 산다면 하나님의 예비된 축복이 기다리고 있다. 그러나 하나님을 떠나 불순종하고 우상을 섬기는 삶을 살아간다면 하나님의 보호하심을 받을 수 없다. 예수 그리스도의 십자가를 통하여 하나님과 새언약을 맺은 그리스도인들은 복음을 전파하며 하나님의 말씀에 순종하는 삶을 살아가야 한다. 그리하면 하늘의 신령한 복을 누릴 수 있다.

매일 하나님의 말씀을 묵상하고 순종하는 길을 택하고 있는가? 이 땅에 하나님 나라 확장을 위해 예수 그리스도의 복음을 증거하며 말씀에 지배를 받고 있는가?

신명기의 땅과 교회의 성도[29)]

신명기에서 수 없이 반복되며 소개되고 있는 땅(ארץ, 에레츠)은 과연 오늘날 성도들에게 어떤 의미가 있는가? 이스라엘 백성과 땅은 하나님의 구속사의 과정 안에서 한 부분을 이루고 있으며 모형으로 주어진 것이다. 하나님의 구속사적인 계획이 진행됨에 따라 이스라엘에게 약속된 땅은 모든 나라와 지상의 모든 땅으로 그 범위가 확대 된다. 구약 이스라엘 백성들에게 약속된 물리적인 땅(팔레스틴 지경)은 신약의 성도들에게 더 이상 의미는 없다. 신약의 성도들에게 땅은 살아계신 예수 그리스도의 영적인 임재와 통치가 임하는 곳이며 그 임재는 성도와 교회 안에서 이루어진다. 성도들의 믿음과 소망과 예배는 더 이상 한 지역에 국한되지 않고 오직 그리스도 안에서 그의 임재가 있는 모든 곳으로 확대된다. 그리스도 안에 거하는 것은 그 땅 안에 거하는 것이다. 그러므로 그 땅의 백성은 더 이상 혈통적 유대인이 아니라 그리스도 안에 있는 모든 민족들이 된다. 성도들은 이 땅에서 그리스도의 통치를 받으며 이 세상과 구분되는 삶을 살아야 한다.

---

29) 참조. Christopher J. H. Wright, *Old Testament Ethics for the People of God* (Downers Grove: Intervarsity Press, 2004), 182-211.

C. 언약의 구체적인 조항들 (12:1~26:19)

1. 예배와 각종 절기의 규례들 (12:1-16:17)

(1) 택하신 예배 처소 (12:1-14)

우상타파(12:1-4)

신명기 12장부터 26장까지는 이스라엘 백성들이 가나안 땅에 들어가서 지켜야 할 규례와 법도를 구체적으로 제시한다. 가나안 땅에서 백성들이 순종해야하는 첫째 명령은 모든 지역에서 우상을 파괴하는 것이다(2절).[30] 가나안 족속들이 처처에서 섬기던 우상들을 불사르고 신상을 찍고 제단을 헐어야 한다(3절). 고대 근동에서는 고산 숭배 사상이 만연하여 여러 산에서 우상을 섬겼다. 특히 아세라 상은 신성한 나무나 기둥과 연관이 있고 다산과 이교 예배 장소를 상징한다. 우상을 파하는 행위는 십계명의 첫째와 둘째 계명을 준행하기 위한 것이었다. 곳곳에 세워진 우상을 파괴함으로 하나님은 이스라엘 백성들이 가나안의 신들에게 유혹되지 않길 원했다. 약속의 땅 가나안이 오직 하나님만을 섬기는 거룩한 장소가 되길 바랐다. 성도들은 하나님과 친밀한 관계를 파괴하는 우상을 버려야 한다. 우상 숭배는 하나님께서 제일 싫어하시는 행위다. 성도들은 이 세상 문화를 본받지 말아야

30) 12장은 장소란 의미를 가진 히브리어 מָקוֹם(마콤)이 반복적으로 사용된다. 2절에 사용된 הַמְּקֹמוֹת(그 장소들) 복수형으로 사용되었고, 5, 11, 13, 14, 18, 21, 26절에 사용된 הַמָּקוֹם(장소)는 모두 단수로 사용되어 유일하신 하나님의 중앙 성소임을 드러내고 있다.

한다(롬 12:1, 2). 하나님의 사람들은 세상의 우상들로부터 자신을 지키기 위해 늘 하나님의 말씀으로 새롭게 되어야 한다. 세상 유혹을 피하고 믿음에서 넘어지게 하는 우상을 속히 떠나야 한다.

하나님보다 더 내 마음을 사로잡는 우상은 무엇인가? 속히 버려야 할 이 세상의 가치와 삶의 습관은 무엇인가?

중앙성소 (12:5~7)

모세는 가나안 땅에서 하나님께 예배할 장소와 방법에 대해 말하고 있다. 이스라엘 백성들은 가나안 땅 온 지역에 퍼져있는 우상 제단을 헐고 하나님이 택하신 장소에서 하나님이 정하신 방식으로 예배를 드려야한다. 하나님이 자신의 이름을 두려고 택하신 장소 곧 그가 계신 곳에 나아가야 한다(5절).[31] 왜 하나님은 중앙 성소 규례를 말씀하시는가? 첫째, 주변의 여러 이교 신앙으로부터 순수한 여호와의 신앙을 유지하기 위해서다.[32] 둘째, 이스라엘을 하나로 묶고 신앙의 통일성을 유지하기 위해서다. 하나님께 예배하러 나올 때에는 번제, 십일조, 거제와 서원제 그리고 낙헌 제물 등 여러 제물을 가지고 와야 한다(6절). 하나님께 제물을 드리는 이유는 그분이 주신 복을 기억하며 온 가족이 하나님 앞에 즐거워하기 위함이다. 가나안 땅에서 드려

---

31) 고대 근동의 봉신조약(suzerian-vassal treaties)에서 왕은 중심도시의 궁궐에 산다. 왕자들과 백성들의 그들의 충성을 보여주기 위해 왕이 사는 장소에 정기적으로 방문해야 했다. 가나안 땅에서 첫 번째 중앙성소는 실로였다(수18:1).

32) Jeffrey Niehaus, "The Centural Sanctuary: Where and When?" *Tyndale Bulletin* 43 (1992): 14.

지는 예배는 하나님의 은혜를 생각하며 함께 먹고 기뻐하는 축제와도 같은 예배였다. 성도들의 삶의 중심에는 하나님을 향한 진실한 예배가 있어야 한다. 진리 되신 예수 그리스도와 성령으로 드려지는 예배 속에서 세상을 이기는 능력이 공급된다. 성도들은 예수 그리스도의 이름으로 함께 모여 하나님께 드리는 교회의 공적예배를 소중하게 생각하고 삶의 최고의 축제로 생각해야 한다. 하나님을 기뻐하며 예수 그리스도의 이름으로 드려지는 성도의 예배를 통하여 하나님께서는 영광을 받으신다.

주일 예배의 소중함을 알고 예배하는 삶에 우선순위를 두고 있는가? 온 가족이 함께 모여 하나님을 예배하는 시간이 있는가?

예배와 나눔의 공동체 (12:8~14)

이스라엘 백성들이 가나안 땅에 들어가 사는 것은 하나님이 주시는 안식과 평안을 누리는 것이다(10절). 가나안 땅은 하나님의 선물이며 하나님이 주시는 기업이다. 이 땅은 백성들이 40년 동안 광야에서 겪었던 고난보다는 평안과 안식을 누리는 땅이다. 모세는 백성들에게 그곳에서 행해야 하는 제의 의식에 대해 설명한다. 백성들은 하나님께서 자기 이름을 두시려고 택하실 중앙 성소로 나아가 그 곳에서 번제와 희생, 십일조, 아름다운 서원물을 드려야 한다. 하나님의 이름은 그 분의 속성과 인격 그리고 본질을 나타내기에 하나님의 이름을 둔 곳은 예배의 장소로 기능한다. 백성들은 은혜를 베푸신 하나님께 제사를 드리며 감사의 표현을 해야 한다. 나아가 자녀와 레위인들 심지어 노비들도 초대하여 함께 하나님의 구원과 보호하심과 인도하심의 은혜와 감격을 나누어야한다. 이것이 제사자의 바른 자세이다.

성도들은 예수 그리스도의 몸인 교회에서 주일성수를 하며 십일조와 각종 헌물을 드려야 한다. 하나님께서는 성도들의 헌신과 정성이 담긴 예물을 기뻐하신다. 또한 하나님을 즐거워하며 이웃과 함께 나눔의 삶을 살아야 한다. 그리스도인의 공동체는 먼저 예배 공동체가 되어야 하며 그리스도 안에서 성령과 말씀으로 예배드려야 한다(요 4:23, 24). 나아가 하나님을 향한 기쁨과 감사가 주변의 소외된 이웃들에게도 흘러가야 한다.

하나님께 나아갈 때 십일조와 각종 예물을 정성스럽게 준비하여 드리는가? 하나님을 섬기는 기쁨을 소외된 이웃들과 함께 나누는가?

(2) 피는 먹지 말라 (12:15~32)

고기와 제물 먹는 규례 I (12:15-19)

백성들은 하나님이 주신 복을 따라 각 성에서 마음에 원하는 대로 가축을 잡아 그 고기를 먹을 수 있다(15절).[33] 그러나 오직 그 피는 먹지 말고 물 같이 땅에 쏟아야 한다. 왜냐하면 생명의 근원이 피에 있고 모든 생물은 땅에서 창조함을 받았기 때문이다(창 1:24). 그러나 백성들이 십일조와 서원 제물을 비롯한 각종 제물을 드릴 때는 성에

33) 노루와 사슴을 먹는 것과 같이 먹을 수 있다고 언급한다. 신명기 14:5에서 노루와 사슴은 먹을 수 있는 정한 짐승으로 분류되었다.

서 먹지 말고 여호와께서 택하신 곳에서 하나님 앞에서 먹어야 했다. 백성들은 자녀와 노비와 성중에 거주하는 레위인들을 초청하여 함께 그것을 먹고 또 손으로 수고한 모든 일로 말미암아 여호와 앞에서 즐거워해야 한다. 하나님은 백성들에게 제사에 관한 일들을 수종드는 레위인들을 저버리지 말 것을 명령하고 있다. 레위인은 제사드리는 직무를 맡아 전념해야 했기에 그들만의 기업이 주어지지 않았다. 따라서 백성들이 그들의 필요를 채워주고 보장해 주어야 한다.

성도들은 하나님께서 주신 복을 따라 하나님과 이웃을 섬겨야 한다. 그리고 그 복을 자신이 누릴 수도 있어야 한다. 성도들의 모든 삶은 하나님께서 주시는 복으로 말미암아 윤택해 질 수 있다. 하나님께서 주신 복을 따라 하나님께 예물을 드리고 자신이 즐겁게 먹고 마시고 이웃들과 나눔의 삶을 살아가야 한다. 특히 하나님의 일에 선적으로 헌신된 하나님의 사역자들을 잘 돌보아야 한다.

주변의 이웃을 돌보고 그들과 나누며 하나님을 섬기고 있는가? 하나님께 헌신된 하나님의 사역자들을 기억하며 돌보고 있는가?

왜 피를 먹지 말아야 하나?

고대 근동의 우가릿과 아카드 비문과 문서 그리고 구약은 피와 생명이 관련이 있음을 드러내고 있다. 따라서 피를 마시는 것은 생명을 소멸하는 것과 같은 의미이다. 생명의 근원과 창조자는 하나님이시다. 따라서 피를 마시는 행위는 하나님의 창조와 주권을 더럽히는 행위이다.

참조. S. D. Sperling, "Blood," *Anchor Bible Dictionary*, 1:761.

고기와 제물 먹는 규례 II (12:20~28)

이스라엘 백성들이 가나안 땅의 지경을 넓힌 후에 고기를 먹고 싶으면 원하는 만큼 고기를 먹을 수 있다. 만일 백성들의 처소가 하나님께서 택하신 성소와 거리가 멀면 하나님께서 주신 소와 양을 각 성에서 잡아 원하는 모든 것을 먹을 수 있다. 왜냐하면 이스라엘 지파의 온 백성들이 고기를 먹을 때 마다 중앙성소로 나오는 것은 불가능했기 때문이다. 하나님은 백성들이 은혜의 삶을 누리는 것을 허락하신다. 그러나 어떤 경우에도 피는 절대로 먹지 말고 물 같이 땅에 쏟아야 한다. 단지 고기를 먹는 경우가 아닌 성물과 서원물을 드리고자 할 때에 백성들은 여호와께서 택하신 곳으로 가져와야 한다(21절). 번제를 드릴 때에는 고기와 피를 하나님의 제단에 드려야 한다. 이 경우에도 피는 번제단 위에 붓고 먹지 말아야 한다(24절). 백성들이 하나님께서 의롭게 여기시는 일을 행하면 그들과 후손들은 복을 누리게 될 것이다(28절).

성도들이 이 세상에서 먹고 마시는 것들은 하나님께로 나온 분복이다. 하나님께서 자신의 백성들에게 복을 주시며 그들의 모든 삶을 주관하신다. 성도들의 생활의 지경을 넓히시고 복을 주시는 분은 하나님이시다. 성도들은 하나님이 주신 복을 즐거움으로 누릴 수 있어야 한다. 하나님의 복을 누리는 것도 은혜다. 또한 항상 하나님께 먼저 드려야 할 것과 이웃에게 나누는 삶을 실천해야 한다. 성도들이 하나님 앞에 선과 의를 행하면 하나님께서 자손들에게도 복을 주신다.

하나님께서 허락하신 분복에 대해 감사하며 누리고 있는가? 하나님 앞에 의와 선을 행하며 순종하는 삶을 살아가고 있는가?

다른 신을 섬기지 말라 (12:29~32)

가나안 땅을 향해 나아가는 이스라엘 백성들은 자신들이 누구인지 바로 알아야 한다. 가나안의 여러 족속들은 여러 우상과 악한 풍습을 따라 살아가기에 정체성을 바로 하지 않으면 그들의 종교와 문화에 유혹을 받을 수 있다. 따라서 우상이란 올무에 빠지지 않게 하기 위해 반복적으로 우상 금지 명령을 내린다.[34] 백성들이 호기심에 빠져 가나안의 종교를 탐구하는 일도 금한다(30절). 가나안 족속의 종교 행위는 하나님께서 가증히 여기는 것들을 일삼는다. 그 대표적인 예가 자녀를 불살라 그들의 신들에게 드리는 인신제사이다(31절).[35]

이 세상을 살아가는 성도들은 항상 자신의 정체성을 바로 확인해야 한다. 성도들은 하나님의 택함을 입은 거룩한 백성이다. 따라서 세상과 구별되는 삶을 살아야 한다. 성도는 이 세상의 문화와 풍습에 유혹을 받지 않도록 늘 마음과 생각을 지켜야 한다.

예수 안에서 하나님의 택함을 입은 거룩한 백성이란 확신이 있는

---

34) 우상 파괴 명령을 언급한 신명기 12:1~4과 우상 금지 명령을 언급한 12:29~32은 서로 수미쌍괄식 구조를 이룬다.

35) 고대 근동의 이방인들은 여러 인신 제사를 행했다. 이에 대한 구약의 증거는 다음과 같다. 몰렉 종교는 아들이나 딸을 불 가운데로 지나게 했고(신18:10; 왕하 16:3; 렘 32:35), 자녀들을 불살라 신들에게 드렸다(신12:31; 렘7:31, 19:5). 모압 왕은 자신의 맏아들을 그모스 신에게 인신제사로 드렸다(왕하 3:27).

가? 이 세상과 구분되는 삶의 모습은 구체적으로 무엇이라 생각하는가?

(4) 여러 가지 유혹과 시험들 (13:1-18)

거짓 선지자의 시험 (13:1~5)

가나안 땅에는 거짓 선지자들이나 꿈을 꾸는 자들이 이적과 기사를 보이며 이스라엘 백성들을 유혹하여 다른 신을 섬기라고 할 수 있다(1, 2절). 그러나 백성들은 절대로 이들의 말을 듣지 말아야 한다. 왜냐하면 하나님은 백성들이 마음을 다하고 뜻을 다하여 하나님 여호와를 사랑하는지 여부를 이들을 통해서 시험하시기 때문이다. 이스라엘 백성들은 눈에 보이는 신비한 현상이나 우상에 미혹되지 말아야 한다. 오직 한분 하나님만을 섬기고 경외하며 그 분의 말씀에 의지하여 순종하는 삶을 살아가야 한다. 백성들은 유혹하는 거짓 선지자들이나 꿈꾸는 자들을 반드시 죽여야 한다. 왜냐하면 이들은 하나님의 말씀을 무시하고 하나님을 배반하고 떠나도록 유혹하고 있기 때문이다.

성도들은 눈에 보이는 이적과 기사를 통하여 미혹하는 거짓 선지자들을 주의해야 한다. 항상 하나님을 온 마음으로 사랑하고 그의 말씀에 순종하는 삶을 신앙생활의 중심에 두어야 한다. 거짓 선지자들은 사탄의 힘을 이용하여 기이한 일을 행하고 성도들을 미혹하여 말씀의 도를 떠나게 한다. 뉴 에이지, 이교도의 신비 체험, 명상 등과 같은 것을 추구하는 것은 하나님의 말씀을 떠나 미혹하게 하는 영에게 속는 것이다. 성도는 교회를 중심으로 예배와 말씀을 읽고 듣고 순종하는 일을 해야 한다. 이 길이 성도들의 바른 신앙의 길이다.

하나님을 사랑하고 섬기는 것을 방해하는 요소는 어떤 것들이 있는가? 하나님의 말씀을 떠나 이단의 거짓 가르침과 신비한 체험을 추구하지는 않는가?

가족의 시험 (13:6~11)

이스라엘 백성들은 우상을 멀리하고 온전히 하나님만을 섬겨야 했다. 만일 그들의 형제들, 자녀들, 아내, 가장 친한 친구들이라도 그들을 유혹하여 하나님을 섬기는 믿음에서 떠나게 한다면 단호하게 거부해야 한다(6절). 다른 신을 섬기자는 그들의 말과 유혹을 절대로 따르지 말아야 한다. 심지어 하나님은 그들을 용서하지 말고 불쌍히도 여기지 말고 죽이라고 명령한다. 왜냐하면 이들은 애굽에서 구원하신 하나님의 은혜를 배반하고 그분을 섬기는 삶에서 떠나도록 유혹했기 때문이다. 유혹하는 자들에 대한 철저한 심판을 집행하여 백성들이 다시는 이와 같은 악행을 범하지 않게 하기 위함이다. 모세는 공동체 내에서 출현할 거짓 선지자와 가까운 가족들이나 친구들 사이에서 나타날 거짓 유혹자들을 엄중히 경고한다.

성도들이 신앙생활에서 가장 소중하게 생각해야 할 부분은 하나님과 언약관계이다. 하나님을 사랑하고 섬기는 일은 그 무엇과도 양보할 수 없는 것이다. 성도들은 삶의 우선순위가 있어야 한다. 가까운 가족과 친족 그리고 친구들이 귀하고 소중하지만 이들의 말을 하나님 말씀보다 더 사랑해서는 안 된다. 하나님의 말씀을 떠나도록 유혹하는 사람, 물건, 환경은 모두 멀리해야 한다.

가족이나 친구를 하나님보다 더 사랑하지는 않는가? 하나님의 말씀을 떠나도록 유혹하는 사람들을 경계하고 있는가?

성읍의 죄악에 관한 소문 (13:12~14)

모세는 이스라엘 공동체의 영적 분위기를 어지럽히며 혼란스럽게 하는 자들을 경계해야 할 것을 역설한다. 공동체 안에서 하나님을 떠나도록 유혹하는 영적 불량배[36]를 발견하면 자세한 조사를 통하여 사실의 여부를 먼저 밝힌 후 그에 합당한 징계를 내려야 한다. 가나안 땅은 하나님께서 이스라엘 백성들에게 선물로 주시는 땅이다. 이 땅은 하나님의 은혜로 주어지는 땅이기에 백성들은 그 곳에서 하나님을 예배하며 거룩한 삶을 살아가야 한다. 그러나 만일 한 성읍에서 어떤 불량배가 일어나 주민들을 유혹하여 다른 신을 섬기고 하나님에게서 떠나자고 유혹을 한다면 그는 하나님의 언약을 파기하고 배반하는 자이다. 따라서 백성의 지도자들은 악한 불량배의 행위를 자세히 살피고 조사하여 하나님 앞에 가증한 일들을 하였는지의 여부를 확인해야 한다. 정확한 근거를 가지고 죄를 범한 자를 처벌해야 한다. 단지 소문만을 듣고 사람을 판단하거나 정죄하면 안 된다.

성도들이 거주하는 지역에 악한 문화가 자리 잡지 못하도록 경계

---

36) 불량배는 히브리어로 בני־בליעל(베네이 벨리알)이며 문자적으로는 벨리알의 아들들이다. 이 용어는 일반적으로 '가치 없고, 쓸모없는 사람' 이란 뜻으로 사용되었다(잠 6:12, 16:27, 19:28; 나 1:11).

와 기도를 쉬지 말아야 한다. 영적으로 불량한 소수의 행동이 한 지역을 타락시키고 하나님의 복음 전파를 방해할 수 있기 때문이다.

단지 소문만을 듣고 사람을 정죄하거나 판단하지는 않는가? 내가 속한 공동체 안에 하나님을 떠나도록 유혹하는 자들을 어떻게 경계하는가?

악인을 진멸하라 (13:15~18)

하나님을 배반하도록 유혹하는 자와 그가 속한 공동체도 하나님께 가증한 것임을 알아야 한다. 이스라엘 백성들 가운데 하나님을 떠나도록 부추기는 영적 불량배가 있다면 지도자들은 그 성읍 주민을 칼날로 죽이고 그 성읍과 그 가운데 사는 모든 것과 가축을 칼로 진멸해야 한다. 그들에게서 빼앗은 물건들을 거리에 모아 놓고 성읍과 탈취물 전부를 불살라 하나님 여호와께 드려야 한다(수 8:2, 27, 28). 그 물건들에 손도 대지 말아야 한다. 심지어 불량배가 거주한 성읍은 영구히 폐허가 되어 다시 건축할 수 없게 해야 한다. 하나님께서는 자신을 배반하고 우상을 섬기는 자들을 이 같이 단호하게 심판할 것을 명령한다. 만일 거짓 선지자들을 철저히 징벌하고 그들의 유혹을 물리친다면 하나님께서는 백성들을 불쌍히 여기고 자비를 베풀어 번성하게 하실 것이다.

성도들은 공동체 안에서 하나님을 떠나도록 유혹하는 자들이 있다면 한두 번 권면후 이방인처럼 대하고 그들과 교제를 끊어야 한다. 공동체 안의 작은 죄악이 전염되면 큰 파멸을 가져올 수 있기 때문이다. 하나님의 백성들이 하나님의 은혜와 축복을 누리는 길은 하나님의 말씀을 듣고 순종하여 하나님 앞에서 정직한 삶을 살아가는 것이다. 성도들은 악을 미워해야 한다. 그래야 악을 버릴 수 있다. 무엇보다 믿음의 좋은 친구들을 사귀어야 한다.

죄악을 미워하고 경멸하는가? 아니면 마음속으로 즐기며 타협하는가? 오늘도 진멸해야 할 내 안에 있는 죄악의 모습은 무엇인가?

(5) 정한 짐승과 부정한 짐승(14:1~21)

모세는 이스라엘 백성들의 언약적 정체성을 반복적으로 확인해 준다(신 7:7). 이스라엘 백성들은 하나님의 자녀이며 하나님의 거룩한 백성들이다(레 11:44,45). 하나님께서는 지상의 모든 민족들 가운데 이스라엘을 택하고 자신의 백성을 삼았다. 그들은 하나님의 특별한 기업 즉 소유된 백성이 된 것이다(출 19:5, 6). 그러므로 이스라엘 백성들은 죽은 자를 위하여 자기 몸을 베지 말아야 한다. 눈썹 사이 이마 위의 털을 밀지 말아야 한다(1절). 왜냐하면 이와 같은 행동은 이방인들의 전형적인 행동이기 때문이다.[37] 이스라엘 백성들은 주변의 이방 민족들과 구분되어야만 했다. 이스라엘 백성들의 삶의 방식은 그들을 부르신 하나님의 뜻에 맞게 고귀하고 거룩해야 했다. 이스라엘 백성들은 하나님의 택한 백성들로 주변의 이방 국가들과 구분되는 삶을 살

37) 우가릿과 메소포타미아 그리고 애굽 등지에서는 죽은 자들을 위한 장례예식에서 애도자들이 죽은 자를 위로하고 돌보기 위해 자해하고 자신의 피부나 머리털들을 상하게 하는 풍속이 있었다. 그러나 이스라엘 백성들은 하나님의 거룩한 성민이기에 이와 같은 자해행위를 해서는 안 된다.

아야 했다. 하나님께서는 이스라엘 백성들의 음식까지도 지정하시어 거룩한 백성의 정체성을 인식하게 하였다. 하나님께서 지정하신 가증한 짐승들은 절대로 먹어서는 안 된다. 가증한 짐승과 부정한 짐승의 구분은 짐승 자체가 부정하거나 영양가가 없어서 그런 것은 아니다. 단지 하나님께서 가증한 짐승과 부정한 짐승의 구분을 말씀하셨기 때문이다. 하나님께서 가증하다고 말씀하셨기 때문에 백성들은 정하고 부정한 짐승의 기준을 삼아야 했다. 3절에서 음식 규례를 소개하기전 2절에서 백성들의 정체성을 확인해 주었고 소개 후 21절에서도 다시 한 번 확인해 준다. 이스라엘 백성들은 하나님의 거룩한 백성이다. 염소 새끼를 그 어미의 젖에 삶는 행위는 가나안 축제 제의 의식의 한 부분이었고 시누헤 이야기(the Tale of Sinuhe)에도 나타난다.[38] 21절에 소개된 행위는 혐오스런 모든 이방 풍속을 상징적으로 표현해주는 기능을 하고 1절과 함께 전체 14장의 내용을 감싸는 틀을 제공한다.[39]

성도들은 자신의 정체성을 바로 인식하고 생활해야 한다. 성도는 하나님께서 이 땅의 수많은 사람들 가운데 택하셔서 자기 백성으로 삼은 자들이다. 따라서 성도들은 이 세상과 구별되게 살아야 하고 세상 풍속을 따라 살지 말아야 한다. 성도들은 세상의 가치 기준과 구분되는 거룩한 기준을 가지고 살아가야 한다. 예수 그리스도 안에서 나를 택하신 하나님의 은혜를 늘 기억하며 살아가야 한다. 신약의 성도들에게 정한 음식과 부정한 음식의 규례는 더 이상 적용이 되지 않

38) *ANET*, 19-20.
39) Merrill, *Deuteronomy*, 239.

는다(골 2:16,17). 정한 음식과 부정한 음식의 구분은 예수 그리스도 안에서 모두 폐지되었기 때문이다. 오직 성도들은 예수 그리스도 안에 거하는 삶을 통하여 거룩해질 수 있다. 무엇을 먹든지 마시든지 하나님의 영광을 위해 살아야 한다. 성도들은 모든 삶의 영역에서 늘 하나님의 거룩을 의식하며 살아가야 한다. 하나님께서 요구하시는 참된 거룩은 오직 예수 그리스도 안에 거할 때 이루어진다.

하나님께 택함 받은 거룩한 백성으로서의 정체성을 늘 기억하며 살아가는가? 이 세상의 가치 기준과 생활 방식을 따르는 삶을 살지는 않는가? 예수 그리스도 안에 거하며 그리스도를 먹고 마시는 삶을 살아가는가?

(6) 십일조 규례 (14:22~29)

하나님께 드리는 십일조 (14:22~26)

이스라엘 백성들은 가나안 땅에 들어가서 매년 토지소산의 십일조를 하나님께 드려야 한다. 하나님이 자기 이름을 두려고 택하신 곳에서 즉 하나님 앞에서 십일조를 드리고 먹어야 한다. 이스라엘 백성들은 하나님 앞에 십일조를 드리면서 하나님에 대하여 더 알고 하나님을 경외하는 삶을 항상 배워야 했다. 십일조의 근본정신은 하나님께 대한 감사와 충성과 헌신이다. 만일 여호와께서 택하신 곳이 백성의 거주지에서 너무 멀고 행로가 어려워 십일조를 가지고 갈 수 없으면 그것을 돈으로 바꾸어 그 곳에서 원하는 모든 것을 사서 하나님께 드릴 수 있다. 십일조를 드리며 모든 가족과 종들 그리고 레위인도 초청하여 함께 먹고 즐거워하며 하나님께서 베풀어 주신 은혜를 감사해야 한다. 하나님의 언약 백성인 성도들은 하나님께 대한 충성과 순종의 표현으로 마땅히 십일조를 드려야 한다. 성도들은 복 받으려고 십일조를 드리기 보다는 하나님을 경외하는 마음을 담아서 드려야 한다. 십일조 생활을 통하여 하나님의 은혜에 감사하고 모든 것이 하나님의 것이라는 믿음의 고백을 드려야 한다.

소득의 십분의 일을 하나님께 기쁨으로 드리고 있는가? 하나님을 경외하는 마음으로 헌신봉사 하며 예물을 드리고 있는가?

소외된 이웃과 나눔의 십일조 (14:27~29)

하나님께서는 매 삼년 끝에 그 해 소산의 십분의 일을 다 모아 성읍에 저축하고 소외된 자들을 불러서 배부르게 먹이라고 명령한다. 분깃이나 기업이 없는 레위인과 성중에 거류하는 나그네와 고아와 과부들을 초청하여 그들과 함께 나누고 그들을 돌보는 것을 십일조 규례에 포함시키고 있다. 백성들이 하나님께 십일조를 드리며 주변의 소외된 이웃들을 돌볼 때에 하나님께서 범사에 복을 주겠다고 약속한다. 하나님께서 이스라엘 백성들에게 풍성한 소산물을 허락한 이유는 그들 혼자서 먹고 마시라고 그렇게 하신 것이 아니다. 그들은 십일조를 드리며 하나님의 은혜에 감사할 뿐만 아니라 소외된 이웃을 돌보는 자비의 삶으로 나아가는 것을 원하셨다.

하나님께서는 성도들의 십일조와 헌물을 요구하시지만 동시에 나눔의 삶을 살 것을 원하신다. 성도들이 하나님께 십일조를 드릴 때 주변의 소외된 이웃도 생각해야 한다. 하나님을 향한 감사와 이웃을 향한 나눔은 항상 균형을 이루며 실천해야 하는 믿음의 덕목이다. 성도들은 고아, 과부, 이주민 노동자, 탈북민, 그리고 하나님께 전적으로 헌신하여 사역하는 사역자들의 필요들도 힘을 다해 채워주어야 한다.

하나님께 드리듯이 소외된 이웃을 돌보는 일에도 열심을 내고 있는가? 오늘 내가 믿음으로 베풀며 섬겨야할 대상은 누구인가?

(7) 가난한 이웃에 대한 배려(15:1~11)

면제년(안식년)의 규례 (15:1~6)

하나님이 이스라엘 백성들에게 명령하신 독특한 제도는 매 칠 년 끝에 각종 채무를 면제하는 제도이다. 매 칠년이 되면 이웃에게 꾸어 준 모든 채권자는 그것을 면제하고 이웃들에게 독촉하지 말아야 한다. 이스라엘 백성들은 자기 동족들 가운데 채무자들의 모든 채무를 면제해 주어야 한다. 이 제도는 주변 여러 민족들에게 찾아 볼 수 없는 이스라엘 공동체만의 독특한 제도였다. 만일 이스라엘 백성들이 면제년을 잘 지키며 동족을 사랑하고 배려한다면 하나님께서 주신 가나안 땅에서 반드시 복을 받을 것이라고 약속하고 있다(4, 5절). 가난한 자들이 땅에서 결코 없어지지는 않는다(11절). 그러나 면제년을 실행하므로 백성들 가운데 가난한 자들이 많은 혜택을 받을 것이다. 하나님의 명령에 순종할 때 이스라엘 백성들은 여러 나라에 꾸어 줄지라도 꾸지 않고 여러 나라를 통치하는 복을 누릴 것이라고 약속한다.

예수 그리스도의 십자가의 은혜와 사랑은 성도들의 모든 삶에 중심이 되어야 한다. 성도는 십자가에서 죄를 용서해주시고 값없이 구원하신 예수 그리스도의 은혜를 기억하며 이웃을 배려해야 한다. 성도들은 이 세상 사람들과 달리 하나님이 모든 경제의 주인이심을 인정해야 한다. 하나님의 경제 원리를 따를 때 하나님께서 성도들의 경제 문제를 책임져 주시고 오히려 생각을 초월하는 복으로 갚아주신다는 사실을 잊지 말아야 한다.

하나님께서 주시는 복을 받기에 합당한 순종의 삶을 살아가는가? 하나님의 경제 원리에 따라 채무자들을 배려하는 태도를 가지고 있는가?

궁핍한 형제를 도우라 (15:7~11)

이스라엘 백성들이 가나안 성읍에 살 때 가난한 형제가 함께 거주하면 그들에게 인색한 마음을 품지 말고 도와주어야 한다(7, 8절). 그들의 필요를 채워주고 넉넉히 꾸어 주어야 한다. 칠 년째 면제년이 다가 왔다고 가난한 형제들을 악한 눈으로 바라보며 부담을 안겨 준다면 그것이 그들에게 죄가 된다(9절). 비록 채주가 가난한 형제들에게 빌려준 돈을 받지 못한다 하더라도 후에 하나님은 반드시 갚아 주실 것이다. 따라서 백성들은 가난한 자들에게 나누어 주어야 하며 구제할 때 인색한 마음을 품지 말아야 한다(10절). 만일 백성들이 소외되고 가난한 자들을 배려한다면 하나님은 백성들의 손으로 하는 모든 일에 넘치는 복을 주실 것이다. 이와 같은 경제 원리의 실천은 하나님을 전적으로 신뢰하는 믿음에서 나온다.

성도들의 믿음은 이웃을 배려하는 삶으로 나타나야 한다. 주변에 소외되고 가난한 이웃을 위해 나의 것을 희생하며 나누는 삶을 살 때에 하나님께서 더 큰 은혜로 채워 주신다. 기독교의 정신은 내가 대접을 받고자 하는 대로 남을 대접하는 것이다. 남에게 주면 하나님께서 더 후하게 주시고 누르고 흔들어 넘치도록 채워주시겠다고 약속하신다. 성도들은 가난하고 소외된 이웃들을 위하여 때로는 나의 권리를 포기하고 그들을 돌볼 수 있어야 한다.

오늘 내가 돌보고 배려해야 할 가난하고 소외된 이웃은 누구인가? 하나님의 은혜와 사랑을 실천하며 가난한 이웃의 필요를 물질적으로 채워주는 삶을 살아가고 있는가?

(8) 종에 대한 배려와 하나님 사랑(15:12~23)

종을 대우하는 법 (15:12~18)

레위기에서는 가난하게 된 이스라엘 동족들을 종으로 부리지 말고 품꾼이나 동거인과 같이 대하라고 규정하고 있다(레 25:39, 40). 원래 종은 이방인 가운데 취해야 한다(레 25:44). 그러나 범죄로 인해 종으로 전락하거나 가난으로 인해 스스로 종이 될 수도 있었다. 이스라엘 동족의 남종과 여종이 육년 동안 주인을 섬겼다면 제 칠 년째 되는 해에 주인은 그를 자유롭게 놓아주어야 한다(12절). 그를 놓아 자유롭게 할 때에 빈손으로 보내지 말고 반드시 각종 먹을 양식을 후하게 주어야 한다(13, 14절). 왜냐하면 이스라엘 백성들도 한때 애굽에서 종노릇을 하였고 하나님의 은혜로 종살이에서 구원을 받았기 때문이다(15절). 하나님이 이스라엘 백성들을 출애굽 시킬 때에도 그들에게 많은 재물을 준 것을 기억해야 한다. 만일 종이 주인을 사랑하여 자원하는 마음으로 주인을 떠나지 않고 종이 되길 원한다면 송곳으로 그의 귀를 뚫어서 영원한 종의 징표를 삼아야 한다. 이처럼 이스라엘 백성들은 자기 동족들 가운데 힘없고 소외된 자들을 대할 때는 항상 그들의 인권을 소중히 생각하고 하나님의 자비와 사랑을 실천해야 했다.

성도가 고용주일 경우에는 고용인에게 하나님의 의와 자비를 보여주며 실천해야 한다(골 4:1). 또한 고용인인 성도들은 일터에서 오직 주님을 두려워하여 충성과 성실로 일을 해야 한다(엡 6:5,6). 예수 그리스도의 은혜로 구원 받은 성도들은 직장에서 그리스도인다운 배려와 의의 삶을 실천해야 한다.

직장에서 그리스도인으로서 빛을 발하여 성실하게 일하는가? 고용인들에게 사랑과 자비를 베푸는가?

처음 난 소와 양을 드려라 (15:19~23)

이스라엘 백성들은 소와 양의 처음 난 수컷을 구별하여 하나님께 드려야 한다(19절, 출 13:2, 12, 22:29, 30; 레 27:26; 민 3:13; 8:16, 17; 18:15). 하나님께 드리는 초태생의 예물은 하나님의 구속을 찬양하며 그 분과 하나가 된 것을 기념하며 드리는 것이다. 매년 여호와께서 택하신 곳에서 여호와 하나님과 교제하며 그분 앞에서 먹어야 한다. 초태생을 하나님께 드리는 규례는 아마도 이스라엘 백성들이 출애굽했을 당시 처음난 모든 것들이 기적적으로 죽음에서 구원을 받았기 때문일 것이다. 만약 초태생의 짐승에 흠이 있어서 절거나 눈이 멀었으면 하나님께 드리지 못한다. 그러한 짐승은 성중에서 부정한 자나 정한 자가 식용으로 먹을 수 있다. 그러나 피는 먹지 말고 물 같이 땅에 쏟아야 한다. 성도들이 하나님께 봉헌할 때 항상 최상의 것을 구별하여 드려야 한다. 하나님의 구속의 은혜에 대한 감사는 자신의 전 존재를 드려도 아깝지 않은 것이다. 성도들은 예수 그리스도의 십자가를 통해 나타난 하나님의 구속의 은혜를 찬양하고 감사드려야 한다. 십자가의 은혜가 너무 커서 하나님께 나의 삶의 중심이 되시고 그 분께 가장 소중한 것들을 드려야 한다.

나의 시간과 물질 중 최상의 것을 하나님께 드리는가? 하나님께 물질을 드릴 때 인색함으로나 억지로 드리지는 않는가?

(10) 유월절을 지키라 (16:1~8)

하나님은 구원의 은혜를 쉽게 망각하는 인간들의 속성을 잘 알고 있기에 이스라엘 백성들이 가나안 땅에 들어가 지켜야 할 절기를 제정하였다. 유월절은 하나님이 이스라엘 백성들을 애굽에서 구원한 날을 기념하여 아빕월에 지켜야하는 이스라엘의 3대 절기 가운데 하나이다(1절).[40] 이 절기에 백성들은 하나님이 택하신 중앙 성소에 나아가 소와 양으로 제사를 드리고 칠일동안 무교병을 먹어야 했다(2절).

칠일 동안 백성들의 삶의 지경 가운데 누룩을 제거하고 첫날 제사 드린 고기를 아침까지 두지 말아야 했다. 이를 통하여 밤새도록 고기를 먹고 아침에 애굽에서 급하게 나온 사건을 기억해야 한다(3절). 유월절 절기를 통하여 이스라엘 백성들은 과거 애굽에서 베푸신 하나님의 구원을 기억해야 했고 또한 이스라엘의 고난의 역사를 상기해야 했다. 하나님은 절기 제정을 통하여 백성들을 교육하고 믿음의 훈련을 시키신다.

성도들은 예수 그리스도의 십자가의 은혜를 잊지 말고 날마다 묵상해야 한다. 예수 그리스도를 통해 나를 구원하신 하나님의 구속의 사랑을 늘 기억하며 감사하는 삶을 살아야 한다. 신약의 교회에서는 예수 그리스도의 구원의 은혜를 기억하고 기념하는 성만찬 예식을 제정하였다. 성도는 기도하는 마음으로 성찬예식에 참여해야 한다. 과거에 베풀어 주셨던 하나님의 여러 은총들을 기억하고 그 사랑을 찬양해야 한다.

예수 그리스도의 십자가 안에 드러난 하나님의 은혜를 묵상하며 감사하는가? 하나님께서 과거에 베풀어 주신 은혜를 소중하게 간직하고 감사하는가?

---

40) 유월절을 아빕월에 지키라고 명령하고 있다(출 13:4, 23:15, 34:18; 신 16:1). 히브리어에서 아비브(אביב)란 원래 '보리 이삭'이란 의미였다. 따라서 유월절을 아빕월에 지키라는 것은 보리 이삭이 나오는 시기인 봄에 지키라는 의미이다. 이스라엘 백성들이 출애굽한 때가 보리 이삭이 나오는 시기였고 백성들은 이것을 보고 출애굽 하였다. 따라서 후손들도 이 보리 이삭을 보면서 유월절의 분위기와 의미를 기억하며 지키라는 교육적 의미가 숨어 있다. 참조. 장재일, 『밥하면서 보는 성경의 절기』 (서울: 쿰란 출판사, 2012), 38-40.

(11) 칠칠절을 지키라 (16:9~12)

이스라엘 백성들은 보리의 첫 이삭을 하나님께 드리는 날인 초실절 이후 49일의 기간에 지키는 절기이다.[41] 칠칠절에 백성들은 하나님께서 주신 복을 따라 수확한 곡식의 첫 열매를 드리는 개인적인 첫 열매 기간이었다(10절). 칠칠절은 추수 축제기간이며 출애굽기 34:22에서는 맥추절(오순절)이라고도 하여 광범위하게 사용되기도 한다. 백성들은 하나님께 나아갈 때 감사와 즐거운 마음으로 정성껏 예물을 준비하여 나아가야 한다. 또한 하나님께서 주신 복을 기억하며 자녀들과 노비와 성중에 있는 레위인과 고아와 과부 나그네와 함께 중앙성소에 나아가 함께 하나님 앞에서 즐거워하고 기뻐해야 한다(11절). 하나님께서 베풀어 주신 은혜를 생각하며 소외된 이웃들과 함께 하나님을 기뻐하고 그들과 나눔의 축제를 하나님에게 드리는 것이다. 왜냐하면 이스라엘 백성들도 한 때 애굽에서 소외된 종들이었기 때문이다(12절).

성도들은 범사에 하나님이 주신 복을 따라 하나님께 감사의 예물을 드려야 한다. 하나님을 향한 감사의 믿음은 나아가 이웃과 나눔의 삶으로 연결되어야 한다. 그러므로 성도들은 우리의 모든 삶의 주인이신 하나님께 감사의 예물을 드리며 주변에 소외된 이웃들을 성심성

---

41) 칠칠절은 원래 히브리어로 חַג שָׁבֻעוֹת (하그 샤브오트)' 이다. 히브리어에서 שָׁבוּעַ(샤브아)' 는 한 주간을 의미하고 שָׁבֻעוֹת(샤브오트)는 복수형이다. 즉 주간들이 된다. 그래서 영어 성경은 'the Feast of Weeks' 로 번역한다. 칠칠절은 하나님께서 이스라엘 백성들을 애굽에서 가나안 땅으로 인도하여 들이시고 곡식을 얻을 수 있는 기회를 주신 것에 대해 감사하여 첫 열매를 드리는 기간이다. 참조. 장재일, 『밥하면서 보는 성경의 절기』, 260-62.

의껏 돌아보아야 한다.

하나님께서 베풀어 주신 은혜를 기억하며 자원하여 감사 예물을 드리고 있는가? 하나님의 사랑과 은혜와 복을 이웃과 더불어 나누고 있는가?

(12) 초막절을 지키라 (16:13~17)

하나님은 이스라엘 백성들에게 초막절을 지키라고 명령하신다. 타작 마당과 포도주 틀의 소출을 거둔 후 칠일 동안 초막에 거하면서 초막절을 지켜야 한다. 이 날은 추수한 곡식을 창고에 저장해 놓기에 수장절이라고도 하며 장막에 거하기에 장막절이라고도 한다. 초막절을 통해 하나님께서 백성들의 모든 삶의 영역에 복을 주신 것을 감사해야 한다. 다른 절기들과 마찬가지로 온 가족과 레위인 그리고 성중에 거하는 고아와 과부들과 함께 절기를 지키며 즐거워해야 한다. 초막절의 또 다른 의미는 과거 고난에 대한 기억이다. 자녀들과 함께 칠일 동안 초막에 거하면서 과거 출애굽 당시 하나님께서 초막 가운데 백성들을 거하게 했던 사건을 기억하고 가르치기 위함이었다. 이 같은 절기를 통하여 자녀들은 과거 하나님의 구원역사를 간접적으로 배울 수 있었다. 이스라엘 백성들의 20세 이상의 모든 남자들은 반드시 일 년에 세 번씩 곧 무교절과 칠칠절과 초막절에 중앙 성소에 나아가 하나님을 예배하고 감사 예물을 드려야 한다.

성도들은 삶의 모든 영역에서 하나님의 손길을 인정하고 하나님께 합당한 감사와 찬양을 드려야 한다. 하루하루 바쁜 생활 가운데에서도 주일에는 교회에 출석하여 하나님을 예배하고 하나님을 섬겨야 한다. 모든 삶의 영역을 지키시고 복을 주시는 하나님께 나아가 예배하며 감사의 예물을 드리고 하나님의 구원의 은혜를 후손들에게 부지런히 가르쳐야 한다.

모든 삶의 복의 근원이 하나님이심을 인정하고 하나님께 진정으로 예배하는 삶을 살아가는가? 자녀들에게 예수 그리스도의 십자가의 은혜와 구속의 사랑을 가르치는가?

2. 여러 가지 직책들(16:18-18:22)

(1) 재판장과 판결 규례 (16:18~17:13)

공의로운 재판장 (16:18~20)

이스라엘 백성들은 가나안 땅에 들어가서 각 지파를 따라 재판장들과 지도자들을 세워 백성들을 재판하고 다스릴 것을 규정한다(18절). 재판관들과 지도자들은 재판을 굽게 하지 말고 사람을 외모로 보지 말고 뇌물을 받지 말고 공의로 치리해야 한다(19절). 이스라엘 공동체는 열방에 빛을 발하는 의의 공동체로 하나님께 부름을 받았다. 그러므로 공동체의 통치 원리는 하나님의 공의롭고 정직한 성품을 반영해야 한다(20절). 뇌물을 받는 행위는 통치자의 눈을 어둡게 하고 의인의 말을 굽게 한다. 따라서 하나님의 공의를 정직하게 실현하지 못하게 한다. 백성들이 공의를 추구하며 공의로운 공동체를 이루며 가나안 땅을 차지하고 그곳에서 복을 누리며 살 것이다.[42]

성도들은 사소한 물욕과 거짓을 버리고 공의롭고 정직한 삶을 살아야 한다. 이 세상에서 정직하고 공의로운 삶을 살아 하나님의 영광을 드러내고 언약 백성의 빛을 발해야 한다. 하나님이 싫어하시는 모든 우상을 제거하고 오직 예수 그리스도만을 따르는 삶이 성도들의 마땅한 삶의 모습이다. 특히 성도의 신앙생활은 자신의 이기적인 욕구 충족을 위한 것이 아니다. 하나님의 영광을 위한 것이 되어야 한다. 자기만족을 위해 만든 그 어떤 우상도 하나님은 기뻐하지 않으신다.

뇌물 수수 행위를 통해 공의롭지 못한 삶을 살지는 않는가? 하나님을 기뻐하며 섬기는 삶을 살아가는가 아니면 자신을 위해 우상을 만드는 삶을 살아가는가?

우상 숭배자들에 대한 징계 (16:21~17:7)

가나안 땅에서 백성들은 하나님의 제단 곁에 어떤 나무로든지 아세라 상을 만들지 말아야 한다(21절). 아세라상은 풍요와 다산을 상징하는 가나안의 여신으로 바알의 아내이다(신 7:5, 12:3). 하나님의 제단 곁에 아세라 상을 만드는 행위는 혼합주의적 종교 행위이다. 백성들이 아세라 상을 만드는 것은 자신의 이기적인 욕망을 충족하기 위해

---

42) 히브리어 원문은 20절에서 공의를 두 번 반복하여 정의를 행함의 중요성을 강조한다: צדק צדק תרדף(체덱, 체덱 티르도프) 직역하면 "정의를 오직 정의만을 따르라." 하나님은 이스라엘 지도자들의 높은 수준의 윤리적 삶을 요구하고 있다.

서다(22절). 하나님께는 항상 최상의 것과 최선의 것을 드리고 탐심의 우상을 버려야 한다. 또한 이스라엘 백성들이 하나님께 예물을 드릴 때 흠이나 악질이 있는 소와 양은 하나님께 가증한 것이기에 드려서는 안 된다(1절, 레 22:22-24). 이스라엘은 거룩한 공동체이기에 그 안에서 발생하는 악행에 대해 철저한 조사와 함께 치리를 해야 한다. 가나안 성읍 가운데 거주할 때에 백성 가운데 남자나 여자가 하나님 앞에 악을 행하고 언약을 어겨 다른 신을 섬기고자 한다면 이스라엘 공동체는 다음과 같은 절차를 밟아 조치를 취해야 한다. 먼저 그러한 소식이 들리면 자세히 조사하여 소문의 사실 여부를 확인해 보아야 한다(4절). 만일 사실로 확인 된다면 행악자를 성문으로 끌어내고 두 세 사람의 증인의 말을 듣고 그를 돌로 쳐 죽여야 한다(5절). 이스라엘 공동체 가운데 우상 숭배의 악행에 대해서는 철저한 처벌을 실시하여 공동체 가운데 우상 숭배의 악이 퍼지지 않도록 해야 한다.

성도는 이 세상과 하나님 둘 모두를 섬길 수 없다. 그렇기에 신앙에 있어서 타협하는 일을 허용하지 말아야 한다. 하나님께 드리는 예물은 정성을 다해 준비하고 가장 귀한 것을 하나님께 드려야 한다. 교회 안의 죄악을 심각하게 다루시는 하나님의 성품을 바로 알아 죄악을 일삼고 퍼트리는 자들을 권면하고 또한 징계해야 한다. 무엇보다 교회 안에 살며시 들어온 이단을 철저히 경계해야 한다.

교회 안에서 거짓 이단 교리를 가르치고 유포하는 자들을 엄중히 다스리고 있는가? 죄악을 일삼고 공동체의 질서를 파괴하는 자들에 대한 권징을 실시하고 있는가?

무법한 자들에 대한 징계 (17:8~13)

이스라엘 백성들 가운데 지방 재판관이 해결하기 어려운 다툼이나 쌍방 고소 사건이 발생 했을 때 그들은 하나님께서 택하실 곳(중앙성소)으로 나와야 한다(8절, 신 16:18). 이스라엘 공동체는 하나님께서 다스리시는 신정 공동체이나 하나님께서는 레위 제사장과 재판장을 세워 고소 사건이나 백성들 간의 다툼을 판결하게 한다(9절). 제사장이나 재판장은 하나님의 법의 원리에 따라 하나님 앞에서 정직하게 판결을 내려야 하며 백성들은 그 판결에 순종해야 했다. 만일 행악자가 재판장의 판결을 무시하고 무법하게 행한다면 그 사람을 죽여서라도 이스라엘 가운데 악을 제거해야 했다(12절). 그리하여 온 백성이 이를 듣고 두려워서 다시는 무법을 행하지 않도록 했다(13절). 행악자에 대한 엄중한 처벌은 악에 대한 공의로운 조치이며 나아가 범죄 예방의 차원도 있다.

성도들은 하나님께서 이 땅에 세우신 교회의 치리와 지도에 순종해야 한다. 믿음의 공동체는 하나님께서 정하신 법과 질서 안에서 조화롭고 화목해야 한다. 은혜를 강조한 나머지 법과 질서를 무시하면 안 된다. 성도들은 세상법이나 교회법을 바로 알고 준수해야 한다.

공동체의 질서와 화목을 위해 제정한 법을 준수하는가? 하나님 앞에서 정직하게 법을 집행하고 준수하는 삶을 살아가는가?

(2) 왕의 규례 (17:14~20)

자신을 위한 욕심을 버리라 (17:14~17)

가나안 땅에 들어가 만일 백성들이 다른 민족들과 같이 왕을 세워야겠다는 마음이 생길 경우를 대비하여 하나님은 왕에 대한 규례를 세운다(14절). 이스라엘 백성들은 반드시 자기 민족 가운데서 하나님이 택한 자를 왕으로 세워야 한다(15절). 왕은 병마를 많이 두지 말아야 하고 병마를 얻으려고 애굽으로 돌아가지 말아야 한다. 왜냐하면 하나님께서 애굽에서 나온 길로 다시 돌아가지 말라고 명하셨기 때문이다(16절). 병마를 많이 둔다는 것은 왕의 부와 군사적 힘을 상징한다. 이스라엘의 왕은 전적으로 하나님을 의지해야 한다. 왕은 자신의 정치적 입지 강화를 위해 정략적으로 아내를 많이 두지 말아야 한다. 이방 여인과 정략적 결혼을 한다면 그 아내에게 마음이 미혹되어 하나님을 떠날 수 있기 때문이다. 또한 자신을 위하여 많은 재물을 쌓지 말아야 한다. 이스라엘 백성들에게 왕의 자리는 하나님의 통치를 대리로 실현하는 자리이며 왕은 백성들을 돌보는 목자의 역할을 하는 자이다. 지도자는 자신의 욕심을 채우는 자가 아니고 남을 섬기는 자다. 물질에 대한 욕심을 버려야 하며 육체의 쾌락을 탐닉하지 말아야 한다. 지도자는 자신을 그 자리에 세운 하나님의 뜻을 알고 분별하여 자신의 자리에서 하나님의 주권을 세우는 자가 되어야 한다.

하나님께서 세우신 위치에서 이웃과 하나님을 섬기는 자세로 사명을 감당하는가? 하나님의 영광과 이웃을 위해 포기해야 할 나의 영광은 무엇인가?

말씀에 순종하라 (17:18~20)

이스라엘의 왕은 레위인 제사장 앞에서 율법서의 복사본을 책에 기록하여 그 율법서를 평생 자기 옆에 두고 읽어야 한다. 왕은 율법의 말씀을 통해 하나님 경외하기를 배우고 율법의 모든 말과 규례를 지켜 행해야 한다. 이와 같이 하나님의 말씀을 가까이 하는 삶을 통하여 왕의 마음이 형제 위에 교만하지 않고 오히려 백성들을 섬기는 자가 될 수 있다. 만일 왕이 여호와의 율법을 사랑하고 하나님을 경외한다면 그의 왕위는 장구할 것이다(20절). 이스라엘 왕은 당시 고대 근동 국가의 왕들과는 달리 하나님의 신정 통치의 대리자였다(대상 28:20). 하나님은 모세의 뒤를 이은 지도자 여호수아에게도 동일한 말씀을 했다(수 1:8). 하나님의 말씀을 묵상하고 준행하는 것은 지도자의 여러 자질들 가운데 가장 중요한 항목이다.

교회에서 다스리는 위치에 있는 자들은 하나님의 말씀을 날마다 묵상하며 말씀의 원리에 따라 주님의 교회를 섬기도록 해야 한다. 다스리는 자는 교만하지 말고 말씀을 통하여 하나님을 경외하는 삶의 자세를 먼저 배워야 한다. 성도들이 하나님을 경외하는 삶을 배울 수 있는 최고의 교과서는 하나님의 말씀이다. 그러므로 날마다 성경 묵상과 암송의 생활을 통하여 하나님을 경외하는 왕 같은 제사장의 사명을 감당해야 한다.

성경을 날마다 묵상하며 적용하는 삶을 성실하게 행하고 있는가? 하나님의 말씀 안에서 다스림의 원리를 발견하고 실천하는가?

(3) 제사장과 레위인에 관한 규례 (18:1~8)

제사장들과 레위인들은 가나안 땅 전 지역의 각 지파에 흩어져 살면서 레위인의 성읍에 살았다. 특별한 경우 그 성읍 안에서는 그들의 소유가 주어졌고 상속도 가능했다(레 25:32-34;민 35:1-15; 수 21장). 가나안에서 그들에게 분배된 땅은 없었기에 그들은 오직 하나님을 기업으로 삼고 살았다. 제사장들과 그 후손들은 항상 백성을 위해 제사 드리며 하나님을 섬겨야 했기에 다른 직업이 없었다. 따라서 그들은 백성들이 가져온 화제물을 먹을 수 있었고(2절), 백성들은 제사장에게 제물의 소나 양 그리고 처음 거둔 곡식과 포도주와 기름과 처음 깍은 양털을 주어야 했다. 만일 성읍에 거주하는 제사장이 간절한 소원이 있어 그가 사는 곳을 떠나 중앙 성소에서 사역을 하길 원하면 그는 그곳에서도 다른 레위인과 같이 동등한 자격으로 섬길 수 있었다(7절). 하나님을 섬기는 레위인들은 지역적 위치에 따라 차등이 없이 모두 하나님 앞에 동등한 자격으로 하나님을 섬길 수 있었다. 성도들은 생업을 가지지 않고 전적으로 주님의 사역에 전념하는 목회자나 사역자들의 필요를 채워 주어야 한다. 또한 주님의 목회 사역과 선교 사역을 위해 전적으로 부름 받은 사역자들은 하나님 한 분을 기업으로 삼고 믿음으로 살아가야 한다. 성도들은 하나님 사역에 전적으로 헌신하는 주님의 사역자들을 믿음으로 섬기고 따라야 한다. 사역자들과 성도들 사이는 항상 믿음과 사랑 안에서 서로의 필요를 채워주어야 한다. 하나님을 섬기는 모든 사역자는 지역이나 교회의 크기에 상관없이 모두 하나님 앞에 동등한 자격으로 서있다.

하나님 일에 전적으로 헌신된 사역자들의 필요를 공급해 주는가? 오직 하나님 한 분을 기업으로 삼고 주님의 일에 전념하는가?

(4) 참선지자와 거짓 선지자 (18:9~22)

이방 문화(18:9~14)

이스라엘 백성들이 가나안 땅에 들어가서 살 때에 이방 민족들의 가증한 행위를 본받지 말아야 한다. 가나안 땅의 이방 민족들은 자녀들을 불 가운데 지나가게 하고 점쟁이나 무당 그리고 신접자들과 접촉하며 그들에게 묻고 인생의 길을 결정했다. 이와 같은 주술적이며 미신적인 행위는 당시 보편적인 종교 현상이었다. 하나님은 이러한 일을 행하는 자들을 가증히 여긴다. 하나님께서 가나안 거민을 쫓아내고 이스라엘 백성들에게 그 땅을 주는 이유 중 하나는 그들이 우상을 따라 살아가고 있기 때문이다. 그러므로 이스라엘 백성들은 가나안 땅에 들어가 길흉을 예언하는 자들이나 점쟁이들을 발견한다면 절대로 용납하지 말아야 한다. 하나님의 부름 받은 성도들은 이 세상의 문화에 동화되지 말아야 한다. 성도는 세상과 구별된 거룩한 백성임을 잊지 말아야 한다. 성도들은 점, 사주팔자, 타로 카드, 오늘의 운세 등 이 땅의 주술 문화와 전쟁을 벌여야 한다. 하나님의 백성들은 하나님의 말씀과 성령님의 인도하심을 받고 살아가야 한다.

이 세상 문화를 영적 분별력으로 판단하고 선택하는가? 점, 사주팔자, 타로 카드, 오늘의 운세와 같은 주술 문화를 거부하고 하나님의 말씀을 묵상하는가?

나와 같은 선지자 (18:15~18)

세상 사람들은 점과 우상에 자신의 인생을 맡기지만 성도들은 하나님의 말씀에 인생의 닻을 내려야 한다. 성도들은 성경과 말씀 사역자들을 통하여 하나님의 말씀을 들어야 한다. 모세는 장차 하나님께서 백성들을 위하여 자기와 같은 선지자 하나를 일으킬 것을 말하고 있다. 이스라엘 백성들은 호렙 산에서 불 가운데 직접 말씀하시는 하나님의 음성을 듣고 죽을까 두려워하여 다시는 이러한 불을 보지 않길 원했다(16절). 하나님은 백성들의 이러한 두려움을 알고 모세와 같은 선지자를 백성들을 위해 세워 하나님의 말씀을 전할 것을 약속하신다.[43] 주변의 이방 민족들은 신접자와 박수 그리고 초혼자들을 통하여 신의 소리를 듣고자 했다. 그러나 이스라엘 백성들은 하나님께서 세우신 선지자를 통하여 하나님의 음성을 들어야 했다. 성도들은 이 세상의 주술 문화를 거부하고 하나님의 말씀에 귀를 기울여야 한다. 하나님은 자신의 백성들에게 부지런히 말씀한다는 사실을 잊지 말아야 한다. 마지막 날에 하나님은 아들 예수 그리스도를 통하여 자신의 뜻을 계시하였다(히 1:1-3).

---

43) 히브리어 원문에서 15절은 선지자(**נביא**)로 시작한다. 이를 통하여 선지자를 강조하고 있다.
참조. **נביא מקרבך מאחיך כמני יקים לך יהוה אלהיך אליו** (선지자, 너희 가운데, 너희 형제 가운데, 나와 같은, 네 하나님 여호와가 너희를 위해 일으킬 것이다). 신 4:13,14과 5:23-27은 모세의 기능을 백성들에게 율법을 중재해주는 역할을 하는 자로 소개하고 있다. 따라서 모세와 같은 선지자는 백성들에게 하나님의 율법을 가르치고 전하는 기능을 하는 자다. J. G. McConville, *Deuteronomy* (Downers Grove: InterVarsity, 2002), 302.

날마다 성경 묵상을 통하여 하나님의 말씀을 듣고 있는가? 말씀이 육신이 되신 예수 그리스도의 가르침을 붙들고 순종하는가?

여호와를 잊지 말라(18:19~22)

성도들은 성경과 말씀 사역자들을 통해 들려지는 하나님의 말씀에 적극적으로 순종해야 한다. 하나님의 말씀을 듣는 성도들과 말씀을 전하는 사역자들 모두는 하나님의 말씀 앞에 준엄한 책임이 있다. 모든 인생의 영광은 들의 꽃과 같이 시드나 하나님의 말씀은 영원하다(사40:8). 누구든지 하나님의 이름으로 전하는 하나님의 말씀을 듣지 아니하면 벌을 받을 것이다(19절). 또한 하나님의 말씀을 전하는 선지자가 하나님께서 말씀하신 것을 전하지 않고 자신의 마음에서 나온 말을 전하든지 다른 신들의 이름으로 말하면 그 선지자는 죽임을 낭할 것이라고 경고한다. 만일 선지자가 전한 말씀에 의심이 생긴다면 백성들은 참선지자와 거짓 선지자를 구분해야 했다. 그 기준은 선지자가 여호와 하나님의 이름으로 전한 말씀의 성취여부와 효과에 달려있었다. 만일 전한 말씀이 성취도 없고 증험도 없이 헛된 소리를 말한다면 여호와의 말씀이 아니고 선지자 자신의 마음에서 나온 것이다. 하나님의 말씀이 아닌 자신의 생각을 전한 선지자는 두려워 할 필요가 없다(22절).

성도는 말씀의 분별력을 가져야 한다. 오늘날 여러 이단들은 하나님의 이름을 사칭하고 성경을 사용하여 거짓 가르침을 퍼트리고 있다. 교회는 이단 사상을 단호히 배격해야한다. 성도가 이단 사설에 빠지는 것은 자신의 영혼을 지옥의 사자에게 먹잇감으로 던지는 것이다.

하나님 말씀을 바로 분별하고 순종하는가? 영원토록 변함없고 반드시 성취되는 성경을 통하여 하나님의 음성을 듣고 있는가?

여러 직책들을 통한 율법의 체계적인 실현

(1) 재판장들과 지도자들(16:18-20): 율법의 공의와 정의로 백성들을 재판하는 자들.

(2) 이스라엘의 왕(17:14-20): 율법을 배우고 나라의 통치의 원리로 적용하는 자. 고대 근동의 왕은 모든 일에 절대 주권자였으나 이스라엘의 왕은 율법의 최고 권위 아래 있는 자다.

(3) 제사장(18:1-8): 율법의 규정에 따라 제의적 직책을 감당하는 자.

(4) 선지자(18:15-22): 하나님의 율법을 준수할 것을 백성들에게 권고하고 가르치는 자.

3. 여러 가지 시민법 (19:1-22:8)

(1) 도피성에 관한 규례 (19:1~14)

부지중에 범한 살인 (19:1~10)

성도들은 하나님께서 허락하신 사람의 생명을 귀하게 여겨야 한다. 의도하지 않았으나 과실로 죄를 범한 경우에는 범법자에게 자비와 긍휼을 베풀어 주어야 한다. 그의 인권을 존중해 주어야 한다. 하나님은 이스라엘 백성들이 거주하는 가나안 땅에 들어가서 총 세 성읍을 구별하고 모든 살인자를 그 성읍으로 도피할 수 있게 하였다(3절).[44] 도피성으로 피한 살인자들 가운데 살 수 있는 자들은 원한이 없이 부지중에 그 이웃을 죽인 자들이다. 예를 들어 이웃과 함께 벌목을 하다가 도끼가 자루에서 빠져 우연히 그의 이웃을 맞춰 죽였을 경우에 도피성으로 피한 자는 살 수 있었다(5절). 왜냐하면 원래 그 사람은 마음에 미움이나 원한이 없어 부지중에 과실로 죄를 범했기 때문이다. 만일 피해자의 가족이나 친구가 복수심에 불타서 부지중에 범한 살인자를 뒤따라가 죽인다면 또 다른 살인을 범하게 된다. 그러므로 도피성을 만들어 부지중에 살인자나 무죄한 자의 피를 흘리지 않기를 하나님은 원하셨다(10절). 하나님은 이스라엘 백성들 가운데 법을 집행할 때 공의와 사랑이 함께 실현되기를 원하셨다. 하나님은 모든 행동의 동기와 중심을 보고 먼저 판단하신다. 성도들은 하나님을 사랑하고 경외하는 마음으로 행동해야 한다. 부지중에 죄를 범했다면 예수님의 십자가를 붙들고 회개하여 용서 받아야 한다. 법 집행에는 공의와 사랑의 원리가 조화를 이루어야 한다.

외적 행동의 결과만 보고 이웃을 판단하는 경솔함을 보이지는 않는가? 무의식적으로 범한 이웃의 과실을 자비와 긍휼의 마음으로 용서하는가?

---

44) 민 35:13,14은 총 여섯을 도피성이 되게 하라고 명령한다. 세 성읍은 요단 이쪽에 세 성읍은 가나안 땅에 두어 부지 중에 살인한 자들이 피할 수 있는 곳이 되게 하였다.

의도적인 살인 (19:11~13)

11-13절은 도피성으로 피한 자들 가운데 의도적으로 살인한 자들에 대한 규례를 말씀한다. 만일 한 사람이 이웃을 미워하여 숨어서 그를 기다리다가 그에게 상처를 입히고 죽인 후 도피성으로 피했다면 성읍의 장로들은 그를 잡아 보복자의 손에 넘겨주고 죽이라고 말씀한다. 왜냐하면 그 살인자는 무죄한 자의 피를 흘렸기 때문이다. 살인한 범죄자가 도피성으로 피했더라도 의도적인 죄에 대해서는 반드시 책임을 물어야 한다. 고의적으로 이웃을 살인한 자에게는 엄격한 형벌을 가하라고 말씀한다. 공동체는 사랑과 공의의 법집행이 조화를 이루도록 해야 한다. 사랑만 강조하는 공동체는 무질서와 혼란이 가중되고 인정에 이끌리는 공동체가 될 것이며 공의만 강조하는 공동체는 차갑고 냉랭한 율법주의자를 양산할 것이다. 성도들은 의도적으로 이웃에게 정신적 물질적 해를 입히지 말아야 한다. 이웃을 마음속으로 미워하지도 말아야 한다. 왜냐하면 마음으로 이웃을 미워하는 것도 살인과 같다고 예수님이 말씀하셨기 때문이다. 교회는 권징의 신실한 실행을 통하여 교회의 순결성과 거룩성을 유지해야 한다.

이웃의 생명과 권리를 존중하며 배려하는 삶을 사는가? 권징의 실천을 통하여 사랑과 공의가 조화를 이루는 공동체를 가꾸어 가고 있는가?

(2) 증인에 관한 규례 (19:14~21)

이웃의 권리 존중 (19:14)

성도들은 이웃의 재산이나 권리를 존중하고 배려해야 한다. 건강한 사회는 구성원들의 재산과 권리를 보호해주고 서로를 인정하고 배려하는 사회이다. 이스라엘 백성들은 하나님께서 주시는 기업인 가나안 땅에 들어가서 땅의 공정한 분배뿐만 아니라 이웃의 재산권을 존중해 주어야 했다. 하나님은 조상이 정한 이웃의 경계표를 옮기지 말라고 명령하신다. 아무리 미약한 약자라 하더라도 조상으로부터 물려받은 그의 재산권은 존중해 주어야 했다. 그런데 북쪽 이스라엘의 아합 왕은 탐심에 사로 잡혀 나봇의 포도원을 강제로 빼앗았다. 이와 같은 행위는 하나님 앞에 가증한 행위이다. 자신의 지위와 권력을 이용하여 약자의 재산권을 탈취한 아합 왕은 결국 하나님께 심판을 받게 된다(왕상 21:1-26, 22:37-38). 이스라엘 공동체의 재산은 궁극적으로 하나님께 속한 것이며 하나님께서 주신 것이다. 그러므로 성도들은 하나님을 경외하고 존중하는 자세로 이웃의 권리와 재산을 인정해야 한다. 성도들은 욕심으로 이웃의 재산권과 권리를 탈취하거나 손해를 입히는 일을 하지 않도록 늘 주의해야 한다. 그리하면 하나님의 복이 있을 것이다.

모든 소유가 하나님께 속한 줄 알고 청지기 자세로 관리하는가? 소외되고 약한 이웃의 권리와 재산을 존중하며 배려하는가?

공정한 분쟁해결 (19:15~21)

모든 분쟁을 해결할 때 성도들은 좌로나 우로나 치우치지 말고 공정한 판결을 내려야 한다. 인맥이나 뇌물, 학연, 지연, 혈연에 따라 판단을 굽게 하지 말아야 한다. 특히 지도자 위치에 있는 자들은 공평하고 정직한 하나님의 성품을 다스림의 원리로 삼아야 한다. 이스라엘 공동체 안에서 죄악이 발생했을 때 한 증인의 증언만을 듣고 판결하지 말고 두 세 증인의 증언으로 그 사건을 판결해야 한다(15절). 만일 위증자가 있으면 쌍방이 하나님 앞에 나아가 그 당시의 제사장과 재판장 앞에 서서 조사를 받아야 한다(17절). 이때 재판장은 자세히 조사하여 증언의 진위 여부를 가려내고 위증이 발견되면 그에 상당한 처벌을 해야 한다. 위증으로 형제를 모함하는 행위는 거짓 증언하지 말라는 십계명을 범하는 것이다. 이와 같은 위증자는 그에 상당한 처벌을 통하여 공동체 사람들이 듣고 두려워하여 다시는 그런 악을 범하지 않게 해야 한다(20절). 21절은 탈리오 법칙(*lex talionis*)을 소개하고 있다. 21절 "생명에는 생명으로, 눈에는 눈으로, 이에는 이로, 손에는 손으로, 발에는 발로이니라." 이 구절은 19절의 문맥 가운데 해석되어야 한다. "그가 그의 형제들에게 행하려고 꾀한 그대로 그에게 행하여 너희 중에서 악을 제하라"고 명령한다. 즉 거짓 증언으로 형제를 모함하려는 경우에 공동체의 질서 유지를 위해 이 법을 적용해야 한다(출 21:23-25;레 24:18-20). 성도들은 정의롭고 공정한 사회를 만드는 일에 앞장 서야 한다. 법원의 판결은 하나님 앞에서 하나님을 두려워하는 자세로 내려야 한다. 성도들은 거짓 증언하는 일에 절대로 가담해서는 안 되며 모든 분쟁 사건에 대해서는 철저하고 공정한 조사 과정을 거친 후에 판결해야 한다. 공동체의 질서와 평화를 위해서 각종 거짓 증언을 삼가야 한다.

분쟁 사건이 발생 했을 때 쌍방의 말을 경청하고 공정하게 판결을 내리는가? 정직하고 공정한 사회를 만들기 위해 투명한 결정 과정을 고안하고 있는가?

(3) 전쟁에 관한 규례 (20:1~20)

함께 하시는 하나님 (20:1~4)

하나님의 자녀들인 성도들은 세상이 비록 커 보여도 두려워하지 말아야 한다. 영적 전쟁을 앞에 두고 담대함을 버리지 말아야 한다. 우리를 구원하신 주님께서 세상 끝날까지 우리와 함께 하실 것이라고 약속하셨기 때문이다(마 28:18-20). 전쟁에 나가 싸움에 임하는 백성들이 가져야하는 자세에 대해 말씀한다. 백성들은 적군의 말과 병거가 아무리 많아 보여도 결코 두려워하지 말아야 한다. 백성들을 애굽에서 구원하시고 인도하신 하나님께서 그들과 함께 하시기 때문이다. 전쟁터에 가까이 이르면 제사장은 백성들에게 나아가 믿음과 용기를 더하는 말씀을 전해야 한다(3, 4절). 전쟁에 나아가는 백성들은 결코 겁내지 말며 두려워하지 말며 떨지 말며 적군들로 말미암아 놀라지 말 것을 제사장은 외친다.[45] 백성들이 적군과 싸울 때 적군의 수효가 많고 적음에 전쟁의 승패가 달려 있는 것은 아니다. 전쟁의 승리는 오직 하나님께 달려 있다. 전쟁에서 하나님이 함께 하사 이스라엘 백

---

45) 3절은 네 번의 반복적인 부정 명령형으로 구성되어 있다: אל־ירך(알 에라크, 겁내지 말며), waryt-la(알 티르우, 두려워 말며), אל־תחפזו(알 타흐페쥬, 떨지 말며), אל־תערצו(알 타아르츄, 놀라지 말라). 의미적으로는 점층적인 강조를 이룬다.

성들을 위해 싸우시면 승리는 보장된다. 세상 속에서 성도들이 겪는 영적 전쟁에서 승리의 비결은 두 가지이다. 첫째는 강하고 담대한 믿음으로 결코 두려워하지 않는 것이다. 둘째는 나를 위해 싸우시는 예수님께서 함께 하심을 믿고 기도하는 것이다. 영적지도자의 역할은 성도들을 하나님의 말씀으로 무장시켜 영적 전쟁을 위한 강하고 담대한 전사들로 훈련시키는 것이다.

영적 전쟁을 앞에 두고 두려워하거나 낙심에 빠져 있지는 않는가? 모든 싸움에서 승리를 가져다주시는 예수 그리스도를 전적으로 믿고 의지하고 있는가?

배려하시는 하나님 (20:5~9)

하나님은 성도들의 모든 삶의 영역을 섬세하게 보살피시고 배려하시는 분이다. 성도들은 위기의 상황 속에서도 돌보시는 하나님의 자비와 사랑을 알고 그분을 전적으로 신뢰해야 한다. 하나님은 전쟁에 동원되어 나가는 자들 가운데 특별한 상황에 처한 자들을 배려할 것에 대해 말씀하신다. 새 집을 건축하고 낙성식을 하지 못한 자, 포도원을 만들고 그 과실을 먹지 못한 자, 여자와 약혼하고 결혼하지 못한 자들은 전쟁 중에라도 집으로 돌아갈 수 있었다. 하나님은 이들이 인생의 소중한 순간에 가족과 함께 기쁨을 누릴 수 있도록 배려하신다. 그러므로 하나님은 선하고 좋으신 분이다. 또한 마음이 허약한 자들도 전쟁에 나가지 않고 집으로 돌아갈 수 있었다. 왜냐하면 그 형제들의 마음이 그의 마음과 같이 낙심될지도 모르기 때문이다. 믿음의 공동체는 하나님의 자비와 사랑의 성품을 본받아 서로를 배려하는 아름다운 삶을 실천해야 한다. 내 이웃이 중요한 순간에 기쁨을 누릴 수 있도록 배려하고 짐을 대신 지는 태도를 가져야 한다.

나의 모든 삶을 아시고 섬세하게 돌보시는 하나님의 사랑에 감사드리는가? 이웃이 중요한 사건을 당했을 때 그를 배려하고 짐을 대신 지는 자비를 보여주는가?

전쟁 전에 먼저 화평을 선언하라 (20:10~15)

성도들은 화평을 추구하는 자들이 되어야 한다. 갈등의 상황 가운데 대화와 조율을 통하여 원만한 해결책을 도출해야 한다. 이스라엘 백성들이 전쟁의 상황에 접하게 될 때 먼저 그 성읍에 화평을 선언해야 한다. 만일 그 성읍이 화평하기로 결정하고 성문을 열면 그들과 전쟁을 하지 말아야 하고 그 성읍 주민들에게 조공을 바치게 할 수 있다(11절). 그러나 만일 원수가 화평을 거부하고 대적하여 싸우려 한다면 성읍을 에워싸고 전쟁을 준비할 수 있다. 만일 하나님께서 그 전쟁에서 승리를 주시면 성읍의 남자들을 다 죽이고 탈취물은 취하여 먹을 수 있다(13절). 가나안 땅 적군의 남자들을 죽이는 이유는 그들의 죄악이 이미 오래되어 하나님의 심판 아래 있기 때문이다. 국가 간의 전쟁의 위기 상황 가운데서도 가능하면 평화를 먼저 추구하는 자세로 문제를 해결해야 한다. 전쟁은 비참한 것이다. 성도들은 이 땅에 전쟁이 없어지고 평화를 추구하는 세상이 되도록 기도해야 할 것이다. 예수 그리스도의 화평의 복음을 전하여 온 세상이 그리스도의 나라가 되도록 해야 할 것이다.

모든 일에 화평을 추구하는 삶을 살아가고 있는가? 모든 일을 대화와 타협으로 원만하게 처리하고 있는가?

가나안 족속을 진멸하라 (20:16~20)

성도들은 세상의 죄악과 유혹에 대해 그 어떤 경우에도 타협하지 말아야 한다. 이 세상의 악과 풍습에 대해 관대하면 영적인 혼합주의를 유발시킨다. 하나님은 이스라엘 백성들에게 가나안 족속을 진멸하라고 명령하신다(13, 16절). 인간적인 측면에서 볼 때에 좀 잔인한 명령으로 생각될 수도 있다. 그러나 이미 가나안 족속들은 하나님 앞에 가증한 죄악을 범하고 있었다. 그들은 음행과 우상 숭배로 가나안 온 땅을 더럽혔고 하나님의 심판은 이미 그들의 머리 위에 임하고 있었다. 하나님께서 가나안 족속들을 진멸하라고 명령하시는 이유는 이스라엘 백성들이 이러한 추악한 죄악에 미혹을 당할까 염려했기 때문이다(18절). 하나님께서는 자신의 백성들이 가나안 족속들의 죄악과 혼합되어 거룩한 백성으로서의 정체성을 잃어버리는 일을 경계하셨다. 그러므로 가나안 족속들을 진멸해야 했다. 성읍을 점령했을 때 열매 맺는 나무들은 자르지 말아야 했고 수목은 베어낼 수 있었다. 그 성읍의 무분별한 파괴를 금하고 가능하면 소중한 자연을 보호하길 원했다. 성도들은 이 세상을 본받지 말고 오직 마음을 새롭게 하여 하나님을 섬겨야 한다. 죄악을 유발하는 어떤 환경이나 문화에 대해 성령의 능력으로 단호히 거절하는 법을 배워야 한다. 하나님이 주신 자연

환경을 함부로 훼손하는 것은 하나님의 창조 질서를 위배하는 것이다.

이 세상과 타협하여 하나님께 죄를 범하는 행동은 없는가? 하나님의 사랑에서 떠나도록 유혹하는 모든 환경과 죄악을 단호히 물리치는가?

(4) 의문의 살인 (21:1~9)

성도들은 부지 중 지은 죄악에 대해서도 회개해야 한다. 나아가 비록 자신이 범한 죄가 아니더라도 국가의 죄와 가족의 죄를 인하여 슬퍼하며 회개해야 한다. 무죄한 자가 손해를 입거나 불의를 당하지 않도록 해야 한다. 하나님은 범인을 알지 못하는 살인 사건에 관한 규례를 말씀하신다. 주님께서 주시는 땅에서 의문의 피살된 시체를 발견하게 되면 피살된 곳의 사방의 성읍 가운데 가장 가까운 성읍의 장로들이 아직 멍에를 메지 아니한 암송아지를 취하여 대신 제물로 삼아야 한다(3절). 레위 제사장들과 장로들은 물이 항상 흐르고 경작한 일이 없었던 골짜기로 그 송아지를 끌고 가서 그의 목을 꺾고 장로들은 그 암송아지 위에 손을 씻어야 한다. 그리고 우리는 이 사건을 보지 못했고 우리 손이 피를 흘리지 아니했기에 무죄한 피를 이스라엘 중에 돌리지 말 것을 호소해야 한다. 이와 같은 의식을 통하여 여호와 하나님 앞에 정직함을 드러내야 하고 무죄한 자의 피 흘린 죄를 백성 가운데 제거해야 했다(9절). 하나님께서는 이스라엘 백성들이 비록 모르는 죄일지라도 반드시 성결케하는 의식을 치르게 하신다. 하나님께서는 어떤 죄악에 대해서도 민감하게 반응하는 분이심을 알고 성도들은 예수 그리스도의 십자가를 날마다 바라보아야 한다. 억울한 상황 가운데 있는 약자들을 적극 도와주어야 한다.

알지 못하고 지은 죄 무의식 가운데 지은 죄에 대해서 회개하는 삶을 살고 있는가? 예수 그리스도의 십자가의 보혈로 더러운 죄악을 날마다 씻고 있는가?

(5) 아내와 자녀에 관한 규례 (21:10~21)

여자 포로를 아내로 삼을 때 (21:10~14)

성도들은 자신이 선택한 행동에 대하여 책임을 지는 자가 되어야 한다. 특히 사회의 약자에 대한 배려를 아끼지 말아야 한다. 이스라엘 백성들이 하나님의 도우심으로 적군과 싸워 승리를 거두었을 때 포로 중 아름다운 여인을 보고 아내로 삼고자 할 때 지침을 가르친다. 포로된 여인을 아내로 삼고자 하는 자는 그를 집으로 데려가야 하고 여인은 머리를 밀고 손톱을 베고 포로의 의복을 벗고 집에 살면서 그 부모를 위해 한 달 동안 슬퍼한 후에 남자의 아내가 될 수 있다(13절). 즉 과거의 모든 것을 청산하고 남편과 새로운 삶을 시작해야 한다는 의미이다. 이와 같이 하여 비록 포로된 여인일지라도 아내로 삼을 수 있었다. 그러나 후에 만일 남편이 그녀를 기뻐하지 않는다면 그 여인을 떠나보낼 수 있으나 종처럼 돈을 받고 팔아서는 안된다(14절). 이 같은 규례는 고대 근동의 배경이라는 특수한 배경 가운데 이해해야 한다. 하나님은 포로된 여인의 인권을 배려하라는 의도에서 말씀하신다. 오늘날에는 음행 이외에 배우자를 버려서는 안된다.

하나님 앞에서 배우자와 맺은 언약에 충실하게 살아가는가? 사회적 약자들의 인권을 존중하며 배려하고 있는가?

장자의 권리 (21:15~17)

성도들은 자신의 감정과 환경에 좌우되지 말고 전적으로 하나님의 말씀의 원리를 따라 순종해야 한다. 어떤 상황에서도 하나님의 명령을 준행하는 것이 성도의 마땅한 태도이다. 하나님은 장자에 관한 규례를 말씀하신다. 장자는 한 사람의 기력의 시작이며 다음 세대를 이어주는 능력이다. 따라서 구약에서 장자에게는 기업의 두 몫의 상속을 허락했다. 만약 어떤 사람이 두 아내를 두었는데 둘 다 아들을 낳았고 미움을 받는 여인의 아들이 장자라면 그 사람은 자기의 기업을 자녀들에게 분배하는 날에 사랑하는 아내의 아들에게 상사의 유업을 주어서는 안 된다. 비록 그 사람이 미워하는 여인의 아들일지라도 하나님의 규정에 따라 혈통적 장자에게 두 몫을 주어야 한다. 이와 같이 하여 사랑받지 못한 아내의 마음에 더 상처를 주는 일이 없도록 하고 개인적인 감정이나 사정으로 인하여 하나님께서 정해 놓으신 규례를 함부로 바꾸지 못하게 하셨다. 성도들은 하나님의 뜻을 행할 때 사사로운 감정을 버리고 전적으로 하나님의 법도를 순종해야 한다.

사사로운 감정으로 인하여 하나님의 말씀을 불순종하고 있지는 않는가? 하나님의 말씀이 행동과 삶을 지배하는 주된 원리로 삼고 있는가?

패역한 자녀에 대한 징벌 (21:18~23)

성도들은 주 안에서 부모에게 순종해야 한다. 부모님께 공경하는 것은 창조의 근본이 되는 기관인 가정의 질서유지를 위한 하나님의 명령이다. 한 가정에 완악하고 패역하여 부모의 말을 순종하지 않고 징계를 받아들이지 않는 아들에 대해서는 철저한 징벌을 아끼지 말 것을 말씀하신다. 이 아들은 부모의 말에 불순종할 뿐 아니라 방탕하며 술에 온 정신을 빼앗긴 자이다(20절). 그 부모는 패역한 아들을 성문으로 끌고가서 성읍 장로들에게 아들의 불량한 행위에 대해 말한 후 성읍의 모든 사람들은 그 악한 아들을 돌로 쳐 죽여야 한다(21절). 이와 같은 엄격한 징벌을 통하여 다른 백성들도 경각심을 가지고 다시는 부모님에게 불순종하는 죄를 범하지 않게 하였다. 부모님에게 불순종하며 방탕한 삶을 사는 것은 하나님 보시기에 악한 죄다. 패역한 자녀에 대한 징벌은 십계명의 제 5계명을 실제 생활에 적용한 규례이다. 사형에 해당하는 죄를 언급한 후 모세는 죽은 시체를 어떻게 다루어야 할지를 소개한다. 한 죄인이 사형에 해당하는 죄를 지어 그를 나무에 매달아 죽였다면 그 시체를 그 날에 장사하여 땅을 더럽히지 말아야 한다. 여러 사람 앞에서 죄인을 처벌하고 그 시체를 대중 앞에 보이는 것은 이스라엘과 고대 근동에서 행해지는 풍습이었다(창 40:19; 수 8:23,29; 10:26; 에 2:23; 5:14; 7:10; 8:7). 나무에 달린 자는 죄로 인해 하나님의 저주를 받은 자이며 최고의 수치로 여겨졌다. 예수님께서는 우리 죄를 위해 십자가에 달려 하나님의 저주를 대신 담당했다.

성도들은 부모님께 효도하고 순종해야 한다. 효도의 아름다운 삶이 점점 사라지는 이 시대에 성도들은 영적 부모이신 하나님을 사랑하고 육신의 부모님께 효도해야 한다. 우리의 죄와 허물을 위해 십자가에서 저주와 고난을 받으신 예수 그리스도의 십자가의 은혜에 감사하는 자가 되어야 한다.

불순종하는 자녀를 하나님의 말씀에 준하여 책망하는가? 나를 대신 하여 저주를 받으신 예수 그리스도의 은혜에 감사하고 있는가?

(6) 생명보존의 법 (22:1~22:8)

이웃을 돕는 삶 (22:1~22:8)

성도들은 하나님을 사랑할 뿐만 아니라 이웃을 배려하고 사랑을 베푸는 삶을 살아야 한다. 이웃이 어려운 처지에 있을 때 못 본체하지 말고 적극적으로 도와주어야 한다. 하나님을 사랑하고 이웃을 사랑하는 삶이 율법의 핵심적인 내용임을 잊지 말아야 한다. 하나님은 이웃의 소나 양이 길 잃은 것을 보거든 못 본 체하지 말고 반드시 끌어다가 형제에게 돌려주라고 말씀한다(1절). 만약 가축의 주인인 형제가 멀리 살거나 혹 모르는 이웃의 가축이라면 그 이웃이 찾기까지 얼마간 집에서 잘 보살펴 주어야 한다(2절). 짐승뿐만 아니라 이웃의 의복이라도 잃어버린 물건을 발견하면 그것을 못본체 하지 말고 반드시 이웃을 위해 돌려주어야 한다. 또 이웃의 나귀나 소가 길에서 넘어진 것을 보거든 못 본 체하지 말고 이웃을 도와서 일으켜 주어야 한다(4절). 성도들은 무관심을 버리고 항상 어려운 상황 가운데 있는 이웃을 돕고 배려하여 세상에 빛과 소금의 역할을 해야 한다. 뿐만 아니라 하나님께서는 동물들에 대해서도 자비를 베풀 것을 암시하고 있다.

하나님은 언약 백성들이 길을 잃은 동물들의 생명에 관심을 가지고 적극적으로 돌보아 주길 원하신다. 생명을 존중하는 정신은 인간의 행복과 창조세계의 보존을 위해 소중한 것이다. 길을 가다가 나무나 땅에 있는 새의 보금자리에 어미가 새 새끼나 알을 품은 것을 보거든 어미 새와 새끼를 같이 취하지 말고 어미는 반드시 놓아 주어야 한다(6, 7절). 이를 통하여 새의 생명이 유지되고 지속적으로 번식할 수 있도록 해주어야 한다. 성도들은 하나님의 창조 세계를 돌보며 소중하게 보전해야 한다. 하나님의 창조 세계는 인간의 착취의 대상이 아닌 돌보고 보전해야할 인간을 위한 하나님의 선물이다. 새로운 집을 지을 때는 지붕에 난간을 만들어 사람이 떨어지지 않게 하여 이웃의 생명과 재산을 보호해주어야 한다(8절). 이는 십계명의 제 6계명을 상기시킨다. 짐승과 사람에 관한 이와 같은 계명들은 이스라엘 백성들이 삶속에서 생명의 소중함을 알고 어떻게 구체적으로 살아야할지를 상술하고 있다. 성도들은 창조세계를 아름답게 돌보며 하나님이 창조한 생명을 소중히 여기는 삶을 살아가야 한다. 또한 성도는 하나님의 택한 백성으로서 순결한 삶을 살아야 한다. 이를 위해 남자는 여자의 복장을 하지 말고 여자는 남자의 복장을 하지 말아야 한다(5절). 이 같은 행위는 하나님 앞에 가증한 행위가 된다.

어려운 처지에 있는 이웃을 배려하고 사랑과 관심으로 돌보고 있는가? 하나님의 창조세계와 자연을 가꾸고 보전의 자세로 생활하는가?

교차 대구 구조 (5-12절)

A. 의복 (5절): 남자와 여자의 의복
B. 동물 (6,7절): 새 새끼와 어미 새
C. 집 (8절): 지붕 난간
C'. 포도원(9절): 두 종자
B' 동물 (10절): 소와 나귀
A'. 의복 (11,12절): 양 털과 베 실, 겉옷의 네 귀에 술

4. 순결에 관한 법 (22:9~23:18)

(1) 순결한 삶의 원리 (22:9~12)

포도원에는 두 종자를 섞어 뿌리지 말고 소와 나귀를 함께 겨리하여 밭을 갈지 말아야 한다. 이스라엘 백성들은 양 털과 베 실을 섞어 짠 의복도 입지 말아야 한다. 이와 같은 금지 규례는 이스라엘 백성들의 영적인 혼합주의를 주의하는 상징적인 행동이다.[46] 이스라엘 백성들이 가나안 종교와 영적인 혼합을 하는 것은 하나님께 가증한 것이다. 하나님은 영적인 혼합주의에 대한 철저한 경계를 하며 어떤 형

46) 9-12절은 22장 전체 문맥과 상관이 없는 것처럼 보이지만 구조적으로 볼 때 19:22-22:12의 여러 규정을 마무리하는 역할을 한다. 9-11절은 서로 비슷한 주제로 연결되어 있다. 이스라엘은 종자를 심는 것, 밭을 가는 것, 옷을 입는 것에서도 하나님의 거룩한 백성의 독특성을 기억하고 유지하는 방식으로 해야 한다. 모든 삶의 영역에서 이스라엘은 하나님과 독특한 관계성을 가지고 있다는 점을 잊지 말아야 한다. 참조. J. Gary Millar, *Now Choose Life: Theology and Ethics in Deuteronomy* (England: Apollos, 1998), 136.

태로든지 혼합된 생활 방식을 금한다. 또한 백성들은 입는 겉옷의 네 귀에 술을 만들어야한다. 민수기 15:37-41은 "옷단 귀에 술을 만들고 청색 끈을 그 귀의 술에 더하라"고 한다. 이 술을 보고 백성들이 하나님의 계명을 기억하고 방종하고 음행을 피하게 하기 위함이었다. 옷술은 가나안 문화의 유혹 앞에서 늘 순종과 거룩함을 유지시키기 위한 하나님의 교육 수단이었다.

하나님의 진리에 상반되는 이 세상의 풍속과 문화를 경계하며 순결한 삶을 살아가고 있는가?

2) 결혼 생활의 순결 (22:13~30)

거짓 비방하지 말라(22:13~19)

성도들은 거짓으로 비방 거리를 만들어 아내나 이웃을 괴롭히는 악행을 하지 말아야 한다. 특히 부부 사이에는 사랑과 신뢰를 기반으로 서로 믿고 존중하는 아름다운 관계를 만들어가야 한다. 남편이 결혼 한 후에 아내를 미워하여 그녀의 처녀성에 대하여 의심하고 누명을 씌운다면 처녀의 부모는 처녀성의 증거를 가지고 성문 장로들에게 가서 증거를 제시하고 항변을 하라고 규정한다(14, 15절). 그 증거로 처녀의 아버지는 딸의 자리옷을 그 성읍 장로들 앞에 펼쳐 보여야 한다. 만일 여인의 처녀성이 확인 되면 성읍의 장로들은 그녀의 악한 남편을 잡아 때리고 은 일백 세겔을 벌금으로 받아 여자의 아버지에게 주고 그 여자를 평생 버리지 못하게 해야 한다(19절).[47] 이를 통하여 아내가 억울하게 누명을 쓰고 결혼 생활이 깨어지는 비참한 일을 당하지 않도록 하기 위함이다. 이 규례는 십계명의 제 9계명을 상기시킨다. 아내를 비롯한 이웃들에게 거짓 증거를 하지 말아야 한다. 성도의 결혼 생활은 소중하며 성스러운 것이다. 그러므로 한 가정의 남편과 아내는 예수 그리스도를 중심으로 서로 사랑하고 배려하며 이해하는 자세로 살아가야 한다. 서로에게 순결하고 신실하여 거룩한 성전인 가정을 아름답게 가꾸어가야 한다.

이웃이나 배우자를 비방하거나 거짓으로 대하지는 않는가? 하나님께서 주신 가정을 거룩하게 가꾸어가고 있는가?

순결을 지켜라(22:20~21)

성도들은 결혼을 소중히 여기고 순결한 삶을 살아가야 한다. 하나님께서 순결하시니 성도들도 순결한 삶을 살아가야 한다. 만약 남편이 결혼한 아내의 처녀성이 의심이 되어 그녀를 싫어하여 문제를 삼았을 때 여자의 아버지는 증거를 보여주어야 한다. 그런데 만일 여자의 처녀성에 대한 증거가 없을 경우에는 엄중한 판결을 받아야 한다. 결혼한 아내가 처녀성이 없었다는 것이 사실로 드러난다면 그 처녀를 집 문에서 끌어내고 그 성읍 사람들이 그를 돌로 쳐 죽여야 한다(21절). 왜냐하면 그 여인이 창기와 같은 행동을 하여 이스라엘 백성 가운데 악을 행했기 때문입니다. 순결을 지키지 못한 처녀에 대한 엄중

47) 은 한 세겔은 한 사람의 삼일 임금에 해당한다. 은 30세겔은 한 사람의 90일치 임금이다(출 21:32; 레 27:2-7). 은 백 세겔은 한 사람의 300일 분의 임금에 해당한다. 과중한 벌금을 부과하여 함부로 자기 아내에게 누명을 씌워 버리지 못하게 하기 위함이다.

한 처벌을 통하여 이스라엘 백성들 가운데 악을 제거하라고 말씀하신다. 방탕과 방종에 빠질 위험이 있는 처녀도 자신을 지켜야 하며 부모들도 처녀 딸을 잘 관리해야 한다. 신명기 22장에 나타난 순결에 관한 법은 십계명의 제 7계명을 실제 삶 속에서 어떻게 적용해야 할지에 관한 규례이다. 이 세상은 점점 혼전 순결을 경시하는 방향으로 흘러가고 있다. 혼전 순결을 버릴 경우에는 결혼 생활과 개인의 경건에도 위협을 가져온다. 혼전 순결을 지키는 것은 성도의 마땅한 도리이다. 남자이든 여자이든 결혼하기 전에 성적인 순결을 유지하고 하나님께서 허락하신 배우자를 만날 때까지 소중하게 간직해야 한다. 성적으로 점점 타락하는 세상의 악한 풍조에 유혹되지 말고 언약 백성들은 성적인 고결함을 지켜야 한다.

영적인 순결과 육체적인 순결을 지키며 거룩한 삶을 살아가고 있는가? 음란을 조장하는 문화와 미디어의 실체를 알고 자신과 공동체를 지키고 있는가?

간음하지 말라 (22:22~24)

하나님의 선물인 성은 결혼이라는 울타리 안에서 있을 때 아름답고 귀한 것이다. 성도들은 결혼 생활의 순결함을 지켜야 하고 배우자에게 신실해야 한다. 하나님께서는 한 남자가 결혼한 유부녀와 동침한 죄악에 대하여 엄한 징벌을 말씀한다. 이러한 경우에는 동침한 남자와 유부녀 둘을 모두 죽여 이스라엘 가운데 악을 제거해야 한다(24절). 또한 처녀인 여자가 약혼한 후에 다른 한 남자와 동침하면 그 둘을 모두 성읍 문으로 끌어내고 돌로 쳐죽이라고 명령한다. 여인은 소리를 질러 사람들에게 알리지 않았고 남자는 그 이웃의 아내를 욕보였기에 징벌을 받아야 한다. 이스라엘 공동체는 가정을 소중히 여기며 성적인 순결을 지켜 하나님의 거룩한 백성으로 살아가야 한다. 하나님의 명령을 어겨 가정을 파괴하고 성적으로 문란한 삶을 산다면 하나님의 철저한 징벌을 받게 된다. 오늘날 가정이 점점 무너지고 있으며 성적인 문란함이 도를 넘어가고 있다. 결혼한 남녀가 서로 부적절한 관계를 맺는 것은 개인의 문제를 떠나 공동체를 파괴하는 행위이다. 배우자에게 신실하지 못한 것은 영적인 타락이다. 성도들은 소돔과 고모라가 성적인 부도덕으로 멸망당한 것을 기억하고 가정을 세우고 성적 순결을 지키는 거룩한 삶을 살아가야 한다.

하나님께서 세우신 결혼과 가정을 소중히 생각하고 아름답게 가꾸어가는가? 인터넷, 영화, TV 등을 통한 음란한 문화를 거부하고 믿음으로 물리치는가?

강간 피해자 (22:25~30)

성범죄는 상대방을 살인하는 죄악과 마찬가지이다. 하나님께서는 이스라엘 공동체 내에서 성범죄가 발생하지 않도록 범죄자에 대한 엄한 처벌을 명령한다. 만일 한 남자가 어떤 약혼한 처녀를 들에서 만나 강간하였으면 그 강간한 남자를 죽이라고 명령하신다. 그러나 약혼한 처녀에게는 어떤 형벌도 내리지 말아야 한다. 들에서 발생한 사건이기에 소리를 질러도 구원할 사람이 없었기에 그 처녀에게는 아무

과실이 없다. 결혼을 하지 아니한 남자가 처녀와 동침하는 중에 발견되면 남자는 처녀의 아버지에게 은 오십 세겔을 주고 그 처녀를 아내로 삼아야 한다. 그 처녀의 순결을 빼앗고 욕을 보였기 때문에 평생에 그 여인을 버려서는 안 된다. 남자는 자신의 행동에 대한 책임을 져야 한다. 30절에서 언급한 근친상간은 하나님 앞에 혐오스러운 죄이다. 만일 아버지가 후처를 두고 세상을 떠난 경우 미망인인 아버지 아내를 취해서는 안 된다. 이는 아버지의 하체를 드러내는 행위이다. 이 같은 표현은 성적인 관계에서 혐오스런 죄악을 묘사할 때 사용되는 표현이다(신 27:20; 창 9:20-24). 아버지의 아내를 취하는 행위는 부모를 공경하라는 5계명을 정면으로 도전하는 죄악이다. 하님께서는 근친상간이나 혼전 성관계를 금하셨다. 만약 혼전에 죄를 범했다면 서로 책임을 지고 결혼을 해야 한다. 결혼 전에 동거하는 문화는 성경의 가르침에 위배된다.

혼전 순결을 귀하게 여기고 하나님 앞에 거룩함을 지키고 있는가? 한국 사회에 왜곡된 성문화가 바로 서길 위해 간구하는가?

(3) 예배의 순결 (23:1~8)

성도들이 하나님께 드리는 예배는 전적으로 거룩하며 성결해야 한다. 하나님은 예수 그리스도의 이름으로 드려지는 온전하고 성결한 예배를 받으신다. 본문은 여호와의 총회에 들어오지 못하는 사람들에 대하여 언급한다. 여호와의 총회는 이스라엘 백성들이 특정한 절기나 예배로 모이는 공적인 예배 모임을 가리킨다. 고환이나 음경이 잘린

자,[48] 사생자는 여호와의 총회에 들어오지 못한다(1, 2절). 왜냐하면 이들은 당시의 종교적 상황으로 볼 때 제의적으로 이방 문화와 상관성이 있으며 순결하지 못한 사람들을 대표하기 때문이다. 암몬과 모압 사람들도 여호와의 총회에 들어 올 수 없다(3절). 모압과 암몬 족속들은 롯이 딸과 관계를 맺어 낳은 후손들이다. 또한 이들은 이스라엘 백성들이 애굽에서 나올 때 도와주지 않았으며 오히려 발람에게 뇌물을 주어 저주하게 한 족속들이다.

따라서 이스라엘은 영원히 그들의 평안함과 형통함을 구하지 말아야 한다. 그러나 여호와의 총회에 들어오지 못하는 것은 이스라엘 공동체에서 축출된다는 의미는 아니다. 하나님은 언약 백성들이 드리는 예배의 순결함을 철저하게 요구하셨기에 이들의 출입을 금한 것이다. 그러나 이스라엘 백성들은 에돔 사람과 애굽 사람을 미워하지 말아야 한다. 왜냐하면 에돔 사람은 이스라엘의 형제이며 애굽에 이스라엘 백성들이 거주했었기 때문이다. 이 두 족속은 삼대 후에 여호와의 총회에 들어올 수 있었다.

오늘 날에는 민족이나 육체의 제한 없이 누구든지 그리스도 안에서 하나님께 나아가 예배할 수 있다(사 56:1-8). 예배자에 대한 제한은 없어졌으나 예배자의 거룩함과 순결함은 변함없이 요구된다. 하나님께 예배하는 자들은 그리스도 안에서 자신이 언약 백성임을 알고 거룩함으로 하나님께 나아가야 한다.

---

48) 고대 근동의 중기 앗수르 시대에 음행한 자들에 대한 징벌로 고환을 잘라내기도 했다.

예수 그리스도의 보혈로 정결케 함을 받고 하나님께 나아가 예배하는가? 하나님의 자녀답게 이 세상과 구별되는 거룩한 삶을 살아가는가?

(4) 거주 진영의 순결 (23:9~14)

성도들은 영적인 싸움을 앞에 두고 하나님 앞에 성결한 생활에 특별히 힘써야 한다. 하나님께서는 거룩하신 분이시며 거룩한 곳에 거하신다. 이스라엘 백성들이 적군을 치러 나갈 때에 모든 악한 일을 스스로 삼가하고 성결한 생활에 집중해야 한다. 남자가 밤에 무의식적으로 몽설했다면 진영의 밖에 나가 있다가 해 질 때에 목욕하고 해 진 후에 진에 들어와야 한다(10, 11절). 이는 도덕적인 부정함보다는 의식적인 부정함 때문이다. 진영의 밖에 화장실을 마련하고 대변을 볼 때에 작은 삽으로 땅을 파고 몸을 돌려 배설물을 덮어야 한다(13절). 이는 위생상의 부정함 때문에 주어지는 규례이다. 전쟁을 앞에 둔 이스라엘 병사들은 작은 부분에 이르기까지 성결하고 청결한 생활을 해야 한다. 왜냐하면 하나님이 적군을 패배시키고 백성들을 구원하시기 위해 진영 가운데 행하시기 때문이다(14절). 그러므로 이스라엘 백성들은 진영을 거룩하게 해야 한다. 하나님이 백성들에게 불결한 것을 보지 않으시면 그들을 떠나지 않으시고 도와주실 것이라고 약속하신다. 성도의 영적 싸움에서 승리의 비결은 성결하고 거룩한 생활이다. 뿐만 아니라 성도들은 자신의 생활환경을 항상 거룩하고 청결하게 해야 한다.

하나님께서 거하시는 성전인 몸을 그리스도의 보혈로 거룩하게 가꾸고 있는가? 모든 생활환경을 청결하게 관리하고 있는가?

5. 대인 관계에 관한 규례 (23:19~25:19)

(1) 약자들과 서원에 대한 규례 (23:15~25)

약자들에 대한 배려 (23:15~20)

성도들은 경제적으로나 신분적으로 약자들에 대하여 항상 배려의 삶을 살아야 한다. 또한 불의한 방법으로 얻은 재물로 하나님께 예물을 드릴 수는 없다. 만약 종이 그의 주인을 피하여 누군가에게로 도망친다면 그 사람은 종을 주인에게로 돌려주지 말고 성읍 가운데 종이 원하는 곳을 택하는 대로 함께 거주하게 하고 그를 압제하지 말아야 한다(16절). 사회적 약자인 종의 인권을 보호하기 위해서다. 이스라엘 백성의 공동체 내에 창녀촌이나 남창을 만들지 말고 거룩한 공동체를 이루어야 한다(17절). 고대 근동의 창녀촌이나 남창은 모두 종교적 제의와 관련이 있다. 창기가 번 돈과 불의한 방법으로 얻은 소득은 어떤 경우라도 하나님의 전에 예물로 드릴 수 없다(18절). 물질적으로 어려움을 당하는 형제에게 돈을 빌려줄 때는 이자를 받지 말아야 한다(19절). 자기 동족에게 이자를 받고 돈을 빌려주는 것은 경제적인 약자를 배려하는 행동이 아니다. 만약 이스라엘 백성들이 자기 동족 가운데 약자를 배려한다면 하나님이 그들의 범사에 복을 주실 것이다. 성도들은 사회의 정화를 위해 남창이나 여창과 같은 음란한 문화에 대항해야 하고 항상 정당한 방법으로 일하고 얻은 소득으로 하나님을 섬겨야 한다. 성도들은 고리대금업이나 약자를 배려하지 않는 행동을 삼가야 한다.

사회적 약자를 배려하고 돌보는 삶을 살아가고 있는가? 정당하지 못한 방법으로 얻은 소득은 없는가?

서원을 갚으라 (23:21~25)

성도들은 하나님과 한 약속에 대하여는 신실한 마음으로 지켜야 한다. 하나님께서는 언약의 하나님이시며 자기 백성들에게 언약에 신실한 삶을 요구하신다. 만일 하나님 여호와께 서원하였으면 반드시 갚아야 한다. 서원하였으나 갚는 것이 더디면 그것이 죄가 된다. 그러나 서원하지 않았으면 무죄하다. 그러므로 성도들은 급하게 하나님 앞에 입을 열지 말고 서원할 때에는 깊이 생각해야 한다. 그러나 입으로 발설한 내용에 대해서는 그대로 실행해야 한다. 이웃의 포도원에 들어갈 때는 마음대로 그 포도를 먹어도 되나 그릇에는 담지 말아야 한다(24절). 이웃의 곡식밭에 들어갈 때에는 손으로 이삭을 따도 되나 곡식밭에 낫을 대지는 말아야 한다(25절). 이스라엘의 규례에 나그네와 보행자들이 포도밭이나 곡식밭을 지나갈 때 배려의 차원으로 일부를 따 먹을 수 있었다. 그러나 이러한 배려를 악 이용하여 욕심으로 포도를 그릇에 담거나 곡식밭에 낫을 대지는 말아야 한다. 이러한 행위는 도둑질이 될 수 있기 때문이다. 성도들은 하나님과 사람 앞에서 행한 약속을 잘 지키는 신실함이 필요하다. 성도들은 이웃의 배려에 감사하고 악용하지 말아야 한다.

하나님께 약속하고 아직도 이행하지 못한 부분은 없는가? 이웃의 배려에 대해 진실로 감사하는 마음으로 받고 귀하게 생각하는가?

(2) 이혼 증서 (24:1~4)

성도들은 배우자의 음행의 연고 이외에 이혼을 해서는 안 된다. 이혼은 하나님께서 미워하시는 것이다. 사람이 여인과 결혼하여 사는 동안 아내에게 수치되는 일이 발견되고 그 여인을 기뻐하지 아니하면 이혼 증서를 써서 주고 자기 집에서 내보낼 것을 말씀한다(1절).[49] 그 여자는 다른 사람의 아내가 될 수 있다. 그런데 둘째 남편도 그를 미워하여 이혼 증서를 써서 집에서 내보내거나 둘째 남편이 죽었으면 그 여인은 다시 전남편에게로 돌아갈 수 없다(3절). 그 여인은 이미 몸을 더럽혔기 때문이다. 당시에 이혼한 여인이 다시 결혼하기란 쉽지 않는 일이었다. 따라서 이혼 증서는 여인이 다시 결혼할 수 있는 법적인 권리와 자유를 보장해 주는 증서였다. 또한 이혼 증서를 통하여 남편은 많은 사람 앞에서 자신의 행위를 선언하기에 남편의 무책임한 행동을 방지하기 위한 제도였다. 이혼 증서는 남자의 악한 행위를 방지하기 위한 조치이지 이혼을 합법화 한 것은 아니었다. 현대

49) 이 말씀은 이혼할 수 있는 조건에 대해 기술하는 것이 아니다. 아내를 쉽게 버리려고 하는 남편의 부도덕한 행동을 규제하기 위함이다. 마태복음 19장에서 예수님께서 이 말씀을 인용하시면서 이혼은 오직 결혼 생활에서 음행한 이유 외에는 아내를 버리지 못함을 말씀하셨다.

사회는 이혼율이 점점 증가하고 있다. 가정이 깨어지는 것은 하나님의 창조질서의 파괴다. 성도들은 가정을 아름답게 지켜야 한다.

이혼의 위기에 있는 가정을 위해 기도하며 말씀에 근거하여 권면하는가? 하나님께서 허락하신 가정을 화목한 천국으로 가꾸기 위해 어떤 노력을 하고 있는가?

(3) 기타 규정 (24:5~13)

성도들은 항상 가난하고 소외된 이웃의 아픔을 생각하고 남을 배려하는 삶을 살아야 한다. 하나님은 사랑과 자비와 온유의 성품을 가지고 계신 분이시며 고아와 과부의 아버지시다. 신혼의 삶을 사는 결혼한 남자를 군대로 보내지 말고 일 년 동안 집에 있으면서 아내를 즐겁게 해주어야 한다(5절). 한 가정의 기본적인 생계 수단인 맷돌을 전당 잡지 말아야 한다(6절). 인신매매 범은 단호하게 처벌하여(사형) 사람의 인권을 유린하는 일이 없도록 해야 한다(7절). 나병에 대해서는 레위인의 지시를 따라 주의해서 다루어야 한다. 나병을 소개한 이유는 미리암이 모세의 권위에 도전하여 나병이 걸렸기 때문이다(9절). 하나님께서 세우신 지도자에 대해 헌담하는 것은 하나님을 도전하는 행위이다. 따라서 성도들은 하나님께서 세우신 목회자의 권위에 순종하고 따라야 한다. 이웃에게 무엇을 꾸어줄 때 그의 집에 들어가서 전당물을 취하지 말고 다만 밖에 서 있고 꾸는 자가 전당물을 집밖으로 가지고 나와 줄 수 있도록 해야 한다. 만약 가난한 자의 겉옷을 전당잡았다면 해 질 때에는 그 전당물을 반드시 돌려주어야 한다. 그리하면 가난한 자가 그 옷을 입고 자면서 그를 위해 축복할 것이며 하나님께서는 이러한 행동을 귀히 보실 것이다. 성도들은 이웃들에게 하나님의 사랑과 자비의 성품을 드러내야 한다. 성도는 이 세상에서 남을 배려하고 약자를 도와주며 하나님의 자비와 사랑의 성품을 드러내야 한다. 성도는 세상 가운데 빛의 자녀들처럼 행해야 한다.

가나한 이웃의 어려운 상황을 배려하고 도와주는가? 인간의 기본적인 인권을 보호받으며 누릴 수 있도록 북한 주민들을 위해 기도하는가?

(4) 약자들을 배려하라 (24:14~22)

노동자들에 대한 배려 (24:14~16)

성도들은 이주민 노동자들을 비롯한 사회의 약자들을 배려하고 도와주어야 한다. 교회는 세상의 등불이며 예수 그리스도의 사랑을 실천하여 하나님의 선하심을 온 세상에 드러내는 신적인 기관이다. 가난하고 곤핍한 일군들은 그들이 동족이든지 아니면 이방 나그네든지 그를 학대 하지 말아야 한다(14절). 그 노동자가 일한 품삯은 반드시 당일에 주고 해 진 후까지 미루지 말아야 한다(15절). 그 노동자는 가난하기에 그날 일한 품삯을 간절히 바라보고 있기 때문이다. 만약 가난한 노동자들의 품삯을 주지 않고 착취한다면 그들의 부르짖는 호소가 하나님께 들릴 것이며 하나님께서는 착취한 자에 대한 죄를 반드시 물으실 것이다. 또한 아버지는 그 자식들의 죄로 인하여 죽임을 당하지 않게 해야 하고 자식들은 아버지의 죄로 인하여 죽임을 당하지 않도록 해야 한다(16절). 각 사람은 자기 자신이 지은 죄에 대하여 책임을 져야 한다. 성도들이 하나님의 사랑과 긍휼의 성품을 배우고 이 세상 속에서 실천할 때 하나님께서 영광을 받으신다는 사실을 잊지 말아야 한다.

이주민 노동자들이나 고용인의 임금을 적절하게 선정하고 지급하는가? 이주민 노동자들이나 탈북민들을 배려하고 섬기는가?

나그네와 고아에 대한 배려 (24:17~22)

성도들은 십자가에서 죄를 용서하시고 구원하신 하나님의 은혜를 기억하고 이웃에게 사랑을 베풀어야 한다. 예수 그리스도의 대속의 은혜는 성도들의 삶의 윤리의 기반과 원동력이 된다. 하나님께서는 이스라엘 백성들이 애굽에서 종 되었던 일과 하나님께서 그 곳에서 그들을 속량하신 일들을 기억하라고 명령하신다(18절). 하나님께서 이스라엘을 애굽의 종 생활에서 구원해 주셨기에 이스라엘 백성들도 객이나 고아와 과부를 구원해주고 돌보아 주어야 한다. 이스라엘 백성들이 밭에서 곡식을 벨 때에 곡식 단을 밭에서 잊어버렸거든 다시 가서 가져오지 말고 나그네와 고아와 과부를 위하여 남겨두어야 한다(19절). 감람나무의 열매를 딴 후에 그 가지를 다시 살피지 말고 그 남은 것을 객과 고아와 과부를 위하여 남겨두어야 한다. 포도원의 포도를 딴 후에도 그 남은 것을 다시 따지 말고 가난한 자들을 위해 남겨 두어야 한다. 성도들의 윤리적 삶의 기반은 예수 그리스도의 십자가의 은혜이다. 그리스도의 십자가 구속의 은혜를 누리고 있는 성도들은 이웃에게 그 은혜를 전하며 실천하는 삶을 살아가야 한다. 가난하고 소외된 이웃을 돌보고 구제하는 삶을 하나님께서 기뻐하신다. 성도가 사회에서 가난하고 소외된 이웃을 배려하면 하나님께서 그의 삶에 복을 주신다.

예수 그리스도의 십자가의 구속의 은혜를 감사하며 소외된 이웃에게 선행을 베풀고 있는가? 독거노인, 이주 노동자, 북한 이탈 주민 등 가난하고 소외된 자들의 억울함을 들어주는가?

(5) 죄인과 과부의 인권보호 (25:1~10)

죄인의 인권보호 (25:1~4)

하나님께서는 심지어 죄인의 인권에도 관심을 가지고 계신다. 죄인을 처벌할 때는 반드시 공정한 재판 과정을 거쳐야 하며 죄인의 인권을 유린하는데 까지 나아가서는 안 된다. 사람들 사이에 시비가 생겨 재판을 청하면 재판관은 의인은 의롭다 하고 악인은 정죄하고 그의 죄에 따라 공정한 처벌을 해야 한다(1, 2절). 태형으로 죄인을 처벌할 때 사십까지는 때릴 수 있으나 그것을 넘기지는 말아야 한다. 왜냐하면 사십을 초과하여 지나치게 때리면 죄인을 경멸히 여기는 행위가 될 수 있고 심지어 그를 죽일 수 있기 때문이다(3절, 참조 고후11:24). 죄인을 책벌할 때도 인간의 존엄성을 고려해야 한다. 또한 일하는 소의 입에 망을 씌우지 말아야 한다(4절, 고전 9:9~11). 일하는 소도 먹을 권리가 있다. 이러한 법을 통하여 하나님의 창조 세계를 다스리고 돌봐야 하는 청지기로서의 인간의 자세를 가르치고 있다. 하나님께서는 죄인을 재판할 때의 공정함과 더불어 죄인의 인권까지도 고려하시는 분이시다. 작은 짐승에게도 관심을 기울이시는 하나님의 자비의 성품을 본받아야 한다.

불의와 부정이 없는 공정한 사회 건설을 위해 성도가 해야 할 일이 무엇이라고 생각하는가? 하나님의 창조 세계를 돌보는 청지기로서의 사명을 감당하고 있는가?

과부의 인권보호 (25:5~10)

하나님께서는 한 가정을 소중히 여기시며 연약한 과부의 인권을 존중하신다. 한 가정과 가문을 세우며 유지하는 것은 하나님 앞에 소중한 일이다. 이스라엘 백성 가운데 형제가 함께 사는데 그 중 하나가 아들이 없이 죽으면 다른 형제가 죽은 형제의 아내를 대신 아내로 맞이하여 형제된 의무를 행하라고 말씀하신다(5절). 죽은 형제의 아내가 낳은 첫 아들을 통하여 죽은 형제의 가문을 잇고 이스라엘 백성 가운데 끊어지지 않게 해야 한다(6절). 그러나 만일 다른 형제가 죽은 형제의 아내 맞이하기를 원하지 않으면 죽은 형제의 아내는 법정에 가서 이 사실을 고해야 하고 성읍 장로들은 다른 형제를 불러다가 조사해야 한다(7절). 만일 그 형제가 마음을 바꾸지 않으면 죽은 형제의 아내가 장로들 앞에서 그의 발에서 신을 벗기고 얼굴에 침을 뱉으며 그의 형제의 집을 세우기를 싫어하는 자에게 이같이 할 것이라고 말한다(9절). 그의 자손들은 신 벗김 받은 자의 집이라고 불러야 하고 이러한 호칭은 대대로 수치로 작용한다(10절). 이와 같은 계대 결혼법은 고대 사회의 상황 속에서 이해해야 한다. 계대 결혼을 통하여 하나님께서는 이스라엘 백성 중 한 가문이 끊어지는 것을 방지하고 의지할 데 없이 홀로 남은 과부의 권리를 보호하기 원하셨다. 성도들은 자신의 가정뿐만 아니라 친족과 이웃의 가정의 소중함을 알아야 한다. 특히 이혼한 가정, 결손 가정, 독거노인 등을 불쌍히 여기고 돌보아 주는 사랑을 실천해야 한다.

하나님께서 세우신 한 가정을 소중히 생각하고 깨어지지 않도록 기도하며 노력하는가? 곤핍하고 어려운 처지에 있는 가족들을 돌보십니까?

(6) 공정한 사회실서 (25:11~19)

정직한 상거래 (25:11~16)

성도들은 정직한 상거래를 통하여 공정하고 바른 사회를 세워 가야 한다. 하나님께서는 성도들이 모든 삶의 영역에서 공의와 정직을 행하길 원하신다. 두 사람이 싸울 때 한 사람의 아내가 남편을 구하고자 다른 남자의 음낭을 잡으면 그 여인의 손을 찍어버리라고 명하신다(11, 12절). 남성의 생식기를 잡는 행위는 남자의 인격에 대한 모독이며 생명의 위협을 가하는 행위이다. 남자의 생식기에 해를 가하면 결국 남자로서 자녀를 출산할 수 없고 이스라엘 가운데 자녀에 대한 소망이 사라지게 된다. 13~17절에서 소개되는 상거래에 대한 말씀은 십계명의 열 번째 계명을 반영하고 있다. 탐심의 요소가 가장 잘 드러날 수 있는 삶의 영역이 바로 경제 활동이다. 십계명이 탐심을 품지 않는 삶의 자세에 대해 언급했다면 이 본문은 그에 대한 구체적인 예를 소개한 것이다. 백성들의 주머니에는 두 종류의 저울 추 곧 큰 것과 작은 것을 넣지 말아야 하고 집에는 큰되와 작은되를 두지 말아야 한다. 왜냐하면 오직 온전하고 공정한 저울추를 두어서 정직하게 측정하고 거래를 해야 하기 때문이다. 이스라엘 백성들의 상거래에서 남을 속이는 행위는 정직하지 못한 행위이며 하나님께 가증한 일이 된다(16절). 정직하고 공정한 상거래를 하면 하나님께서 복을 주신다. 성도들은 교회 생활뿐만 아니라 경제활동에서도 하나님의 자녀답게 정직하고 바른 삶을 살아가야 한다. 하나님의 통치가 성도의 모든 삶의 영역에서 나타나야 하며 특히 경제 활동에 있어서 믿음으로 정직한 이윤 추구를 통해 하나님께 영광을 돌려야 한다.

경제 영역에서도 하나님의 주권을 인정하고 믿음으로 정직한 경제활동을 하는가? 정직하고 공정한 소비와 판매를 하는가?

아말렉의 비겁한 행동 (25:17~19)

성도들은 과거 고난의 역사를 기억하며 같은 실수를 반복하지 말아야 한다. 또한 약자들과 가난한 자들을 탈취하는 부정한 행위를 하지 말아야 한다. 하나님께서는 과거 아말렉 족속의 부당한 행위를 다시 한 번 상기시킨다. 아말렉 족속들은 이스라엘 백성들이 애굽에서 나올 때 피곤하여 뒤에 쳐진 약한 자들을 몰래 기습 공격하였다(출 17:8~16).[50] 아말렉 족속들은 비겁하게 행동하였을 뿐만 아니라 이스라엘을 구원하신 하나님을 두려워하지도 않았다. 따라서 하나님께서는 가나안 땅에 들어가 사방을 점령하고 안식을 누릴 때 아말렉 족속들을 진멸하라고 명령하신다(19절, 참조. 출 17:14). 훗날 사울 왕은 아말렉 족속을 온전히 멸하지 않고 살려두어 하나님의 책망을 받게 된다(삼상 15:1~3). 그러나 다윗 왕 때에 와서 아말렉 족속을 복속시켰고 하나님의 언약이 성취된다(삼하 8:12). 힘없고 나약한 자들을 사기치고 속이는 행위는 하나님 앞에 가증한 행위이다. 하나님의 준엄한 심판을 반드시 받게 된다. 성도들은 과거 고난의 역사를 망각하지 말고 기억하면서 역사 속에서 얻은 믿음의 교훈을 간직해야 한다. 한국 교회는 과거 일제 치하에서 겪은 핍박과 고난의 역사를 기억하고 순교자적인 삶과 신앙을 간직해야 한다. 또한 성도는 약자를 괴롭히는 일에 가담하지 말고 오히려 그들을 배려해 주어야 한다. 하나님을 경외하는 삶은 약한 사람들을 돌보는 일을 통해서도 드러날 수 있다.

가난하고 힘없는 자들을 붙들어주며 권고하는가? 고난의 역사를 생각하면서 역사 속에서 하나님께서 가르치신 교훈들을 기억하는가?

---

50) 아말렉 족속의 기원에 대해서는 창세기 36:12에서 소개하고 있다. 12절 "에서의 아들 엘리바스의 첩 딤나는 아말렉을 엘리바스에게 낳았으니 이들은 에서의 아내 아다의 자손이며." 아말렉 족속은 사해바다의 동서쪽인 아라비아 광야지대에서 살고 있었다(창36:16; 민13:29; 14:25).

신명기 21:10-25:19의 주제 패턴 [51]

	첫 번째 사이클 (21:10-22:12)	두 번째 사이클 (22:13-23:25)	세 번째 사이클 (24:1-25:4)	네 번째 사이클 (25:5-19)
결혼 관련 규정	포로출신 아내와 이혼 (21:10-14)	순결 의혹과 관련된 이혼 (22:13-30)	이혼과 재혼 (24:1-25:4)	죽은 형제의 아내와 결혼 (25:5-10)
전쟁	여성 전쟁 포로(21:10-14)	진영을 거룩하게 하는 법 (23:9-14)	신랑의 병역 면제(24:5)	아말렉 족속의 제거 (25:17-19)
정의	사회, 종교적 정의 (21:15-22:12)	사회, 종교적 정의 (23:15-25)	사회, 종교적 정의 (24:6-25:4)	사회적 정의 (25:11-16)

6. 첫 열매와 십일조 (26:1~15)

(1) 하나님께 드리는 첫 열매 (26:1~11)

최상의 것을 드리는 삶 (26:1~4)

성도들은 하나님의 은혜에 감사하며 하나님께 최상의 것을 드리는 삶을 살아야 한다. 하나님께 모든 것을 받았으니 또한 가장 순결하고 고귀한 것을 하나님께 드리며 예배의 삶을 살아야 한다. 하나님께서 이스라엘 백성들에게 가나안 땅을 선물로 주시고 차지하게 하셨다.

---

51) 이 본문은 전체적으로 결혼-전쟁-정의의 패턴으로 주제가 전개되고 있다. 참조. 성기문, 『모세의 고별설교: 신명기의 구조와 신학연구』 (서울: 솔로몬, 2009), 218.

이스라엘 백성들은 가나안 땅에 들어가서 토지의 소산물을 거둘 때 첫 열매를 하나님께서 택하신 곳으로 가져가 드려야 한다. 첫 열매를 하나님께 드리면서 성전입구에서 제사장에게 다음과 같이 고백해야 한다. "내가 오늘 당신의 하나님 여호와께 아뢰나이다. 내가 여호와께서 우리에게 주시겠다고 우리 조상들에게 맹세하신 땅에 이르렀나이다(3절)." 이와 같은 고백을 통해 하나님께서 가나안 땅의 주인이시고 이스라엘 백성들의 생사화복을 주장하시는 분이심을 믿음으로 시인하는 것이다. 이스라엘 백성들은 하나님께서 특별히 택하신 곳에서 예물을 드림으로 하나님께서 원하시는 방식으로 드려야 하며 가나안 땅의 그 어떤 종교행위와 혼합되어서도 안 된다. 성도들은 무엇을 하든지 하나님 중심의 삶을 살아야 한다. 범사에 하나님의 주권과 왕권을 인정하고 하나님의 청지기로 하나님의 은혜를 고백하는 삶을 살아야 한다.

하나님께서 모든 삶의 주인이심을 믿고 최고의 귀한 것으로 섬기는가? 하나님께 마음의 중심을 담아 가장 귀한 예물을 드리고 있는가?

하나님의 구원의 역사 회상과 예배 (26:5~11)

성도들은 하나님의 구원의 역사를 기억하면서 감사의 고백과 함께 예물을 드려야 한다. 고통과 고난의 세월을 지날 때 하나님께 부르짖는 기도를 통하여 위기를 극복할 수 있다. 이스라엘 백성들은 자신들의 조상이 방랑하는 아람 사람이었음을 고백한다. 즉 과거에는 보잘 것 없는 유목민이었는데 애굽에 내려가 하나님의 은혜로 크고 강하고 번성한 민족이 되었다는 것이다(5절). 백성들은 가나안 땅에서 하나님의 출애굽 구원 역사를 기억하며 하나님께 첫 열매를 드리며 예배해야 했다(출 23:14~17; 34:22~24; 레 23:4~44; 민 28:16~29:38). 하나님께서는 약속하신 대로 이스라엘 백성들을 애굽에서 큰 민족으로 만드셨다(출 1:7). 그러나 애굽 사람들은 이스라엘 백성들을 학대하며 노동을 시켰고 백성들은 고통 가운데 하나님께 부르짖었다(출 2:23, 24). 하나님께서 백성들의 고통과 신음의 소리를 들으시고 강한 손과 편 팔과 위엄과 기적으로 이스라엘 백성들을 애굽에서 인도하셨다. 하나님께서는 마침내 이스라엘 백성들을 젖과 꿀이 흐르는 가나안 땅으로 인도하셨다. 이와 같은 과거 고난의 역사와 하나님의 구원 역사를 잊지 않고 고백하면서 하나님께 감사의 예물을 드린다. 하나님께 드리는 예물에는 항상 구원에 대한 감사와 사랑의 마음이 담겨져 있어야 한다. 성도들은 하나님의 도우심과 구원의 은혜를 생각하면서 하나님께 소중한 예물을 드려야 한다.

하나님께 감사와 찬송의 마음을 담아 헌금을 드리고 있는가? 고난 가운데 전심으로 하나님께 부르짖는가?

(2) 십일조 (26:12~15)

성도들은 하나님께 온전한 십일조를 드려야 한다. 십일조는 하나님의 것이기에 자기 임의대로 사용하지 말아야 한다. 또한 십일조에는 하나님께 대한 헌신과 이웃에 대한 나눔의 정신이 깃들어져 있다. 이스라엘 백성들은 가나안 땅에 들어가서 셋째 해에 십일조를 드린 후에는 그 십일조를 레위인과 객과 고아와 과부에게 주어 함께 먹고 감사해야 한다(12절). 십일조를 드리는 자는 다음과 같은 고백을 하나님 앞에 해야 했다. "내가 성물을 내 집에서 내어 레위인과 객과 고아와 과부에게 주기를 주께서 내게 명령하신 명령대로 하였사오니 내가 주의 명령을 범하지도 아니하였고 잊지도 아니하였나이다(13절)." 즉 하나님의 명령에 순종했다는 고백이다. "내가 애곡하는 날에 이 성물을 먹지 아니하였고 부정한 몸으로 이를 떼어 두지 아니하였고 죽은 자를 위하여 이를 쓰지 아니하였고 내 하나님 여호와의 말씀을 청종하여 주께서 내게 명령하신 대로 다 행하였사오니(14절)." 십일조는 하나님을 위해 따로 떼어놓아 드리는 예물이기에 십일조를 준비하고 드리는 과정에서 여러 시험이 따랐다. 그러나 하나님 앞에 언약을 신실하게 지키고 십일조를 드렸다는 고백을 하는 것이다. 십일조는 그 어떤 경우에도 임의대로 먹거나 사적으로 도용해서도 안 된다. 즉 사사로운 감정이나 상황에 따라 십일조를 다른 용도로 사용하지 말아야 한다. 마지막으로 십일조 예물을 드리는 자는 하나님께 다음과 같이 간청할 수 있었다. "원하건대 주의 거룩한 처소 하늘에서 보시고 주의 백성 이스라엘에게 복을 주시며 우리 조상들에게 맹세하여 우리에게 주신 젖과 꿀이 흐르는 땅에 복을 내리소서(15절)." 하나님께 온전한 십일조를 드리면서 이스라엘과 젖과 꿀이 흐르는 가나안 땅에 하나님의 복을 구하라고 명령하신다. 성도들은 하나님의 명령을 자기 임의대로 왜곡하거나 바꾸지 말아야 한다. 하나님께 십일조를 드릴 때 형식적으로 드리기 보다는 하나님을 기대하며 하나님께 대한 헌신과 이웃에 대한 나눔의 자세로 드려야 한다.

말씀에 순종하여 온전한 십일조를 하나님께 드리고 있는가? 하나님의 명령을 상황과 사적인 이유로 왜곡하지는 않는가?

7. 결론적 권고 (26:16~19)

26장 16~19절은 그 동안 언급된 모든 언약 조항에 대한 부분을 요약하고 마무리하는 기능을 한다. 모세는 단지 언약 조항만을 열거하는 데에 관심이 있는 것이 아니고 백성들이 하나님의 모든 율법에 순종하기를 원했다. 하나님께서 이스라엘 백성들에게 요구하시는 것은 규례와 법도에 순종하는 삶과 온 마음과 정성을 다하여 하나님을 사랑하는 삶이다(16, 17절). 하나님께서 약속하신 대로 이스라엘 백성들은 보배로운 언약 백성이기에 하나님의 명령을 순종해야 한다(18절, 참조. 신 7:6). 이스라엘 백성들이 여호와를 그들의 하나님으로 인정하고 그 분의 법도에 순종하면 하나님께서 그들을 여러 민족 위에 뛰어나게 하시고 찬송과 명예와 영광을 삼으실 것이다(19절). 이스라엘 백성들을 거룩한 하나님의 백성이 되게 하실 것이다(19절, 신 14:2). 이스라엘의 미래는 그들이 얼마나 하나님의 언약에 신실한 삶을 사느냐에 있다. 하나님을 하나님으로 인정하는 것은 하나님의 말씀에 순종하는 삶을 통해 가능하다. 하나님을 사랑한다면 하나님의 말씀을 지켜야 한다(요 14:15). 성도들은 형식적인 신앙생활을 버리고 마음과 뜻과 정성을 다하여 하나님을 사랑하고 그의 명령에 순종하는 삶을 살아가야 한다. 성도가 하나님의 말씀에 순종하며 하나님께서 높여주시고 그를 통하여 하나님 자신의 영광을 드러내실 것이다.

입술로만 하나님을 사랑하지는 않는가? 거룩하고 보배로운 백성을 삼아주신 하나님의 은혜에 보답하여 순종하는 삶을 살아가고 있는가?

하나님의 보배로운 백성

하나님께서는 시내산에서 이스라엘 백성들과 언약을 맺으시면서 하나님의 언약에 순종하는 백성들의 언약적 정체성을 세 가지로 말씀 하신다. 이스라엘 백성들은 모든 민족 중에서 하나님의 소유(סגלה, 세굴라)가 되고, 제사장 나라(ממלכת כהנים, 마멜레케트 코하님)가 되고, 거룩한 백성(גוי קדוש, 고이 카도쉬)이 될 것이라고 약속하신다(출 19:5,6). 소유(סגלה, 세굴라)는 왕의 소중한 개인 소장품이란 뜻이다. 신명기 26:16-19은 출애굽기 19:5,6에서 소개된 언약적 용어들을 다시 한 번 소개하면서 이스라엘 백성들이 마음을 다하고 뜻을 다하여 하나님의 율법을 지켜 행할 것을 권고하고 있다. 백성들이 여호와의 말씀에 순종하면 하나님께서 그들은 하나님의 보배로운 백성(עם סגלה, 암 세굴라)이 되게 하실 것이며(26:18), 모든 민족 위에 뛰어나게 하사 찬송과 영광을 삼으시고 하나님 여호와의 성민(עם־קדש, 암 카도쉬)이 되게 하실 것이다(26:19). 이 같은 하나님의 언약 백성의 정체성은 백성들이 하나님의 율법에 순종하며 살아갈 때 의미가 있다.

D. 언약 인준 (27:1~26)

1. 세겜에 모임 (27:1~13)

(1) 에발 산에 세울 돌들 (27:1~6)

모세와 이스라엘 장로들은 모든 백성들을 불러 모아 하나님의 명령을 지켜 순종할 것을 다시 한 번 권고한다. 이스라엘 백성들은 요단을 건너 가나안 땅에 들어가는 날에 큰 돌들을 세우고 석회를 바른 후에 그 위에 율법의 모든 말씀을 정확하게 기록해야 한다(2, 3절). 모든 이스라엘 백성들이 볼 수 있도록 석회를 바른 돌들을 에발 산에 세우고 그 위에 율법을 기록해야 한다. 율법을 세긴 돌들을 세움으로 백성들이 하나님의 말씀을 귀로 듣기만 하는 것이 아니라 눈으로 볼 수 있게 하였다.[52] 에발산은 저주를 선포하도록 되어 있는 산이었다. 에발산에 율법을 세긴 돌들을 세운 것은 하나님의 말씀에 불순종했을 경우 백성들에게 임할 저주의 심각성을 깨닫게 하기 위함이다. 그리고 가나안 땅에서 하나님의 말씀으로 승리하는 삶은 오직 하나님의 말씀에 대한 순종에 있다는 사실을 모든 백성들이 눈으로 보고 알게 하기 위함이다. 제단을 쌓을 때에는 쇠 연장으로 다듬지 않은 돌로 여호와의 제단을 쌓아야 한다(5절). 왜냐하면 가나안의 제단들처럼 외적인 아름다움이나 장식에 마음을 빼앗기지 말고 오직 순수한 마음으

52) 고대 근동에서는 돌로 탑을 쌓거나 기념비적인 사건을 돌에 기록하여 사람들로 하여금 보고 기억하게 하는 관습이 있었다(수 7:26; 8:29; 24:26,27; 삼상 7:12; 삼하18:17).

로 하나님만을 바라보고 제사드리게 하기 위함이었다. 성도들은 하나님의 말씀을 삶의 중심에 놓고 말씀에 순종하는 삶을 살아가야 한다. 성경 말씀은 성도들의 삶과 신앙의 기준이며 원리이다. 기록된 하나님의 말씀인 성경을 가까이 하고 날마다 묵상하는 생활을 할 때 영적 성숙과 참된 영적인 복이 임한다.

성경을 사랑하고 늘 묵상하는 삶을 살고 있는가? 세상의 화려함과 쾌락보다 하나님의 말씀에 집중을 하고 있는가?

(2) 여호와의 말씀을 순종하라 (27:7~10)

에발산에 율법을 기록한 돌들을 세운 후에 여호와의 제단을 쌓고 하나님께 번제와 화목제를 드려야 한다. 번제를 드림으로 하나님께 대한 충성과 헌신을 다짐하고 화목제를 드림으로 하나님 앞에 즐거워하고 이웃과 화평한 관계를 회복해야 했다. 모세와 레위 제사장들은 온 이스라엘 백성들에게 가르치며 하나님의 뜻을 전하는 일을 했다. 그들의 가르침 가운데 가장 중요한 내용은 이스라엘 백성들의 정체성에 관한 부분이었다. 이스라엘 백성들은 하나님 여호와의 백성이라는 사실을 반복적으로 가르치며 고백하게 했고 그들의 의무가 여호와의 말씀을 청종하고 그 명령을 따르는 것임을 가르쳤다(9, 10절). 모세는 하나님 안에서 백성들의 정체성을 확인시킨 후에 그들의 의무를 말하고 있다. 성도들이 하나님의 거룩한 백성이 되었다는 자체가 큰 은혜며 특권이다. 성도들은 예수 그리스도 안에서 자신에 대한 바른 정체성을 가져야 한다. 예수 그리스도의 십자가 은혜로 구원받은 성도들은 성령과 말씀의 인도를 따라 세상과 구분된 삶을 살아야 한다.

예수 그리스도의 구속의 은혜로 새롭게 거듭난 자신의 정체성을 확신하고 있는가? 구원받은 성도로서 하나님의 말씀에 순종하는 삶을 살아가고 있는가?

2. 그리심산과 에발산 (27:11~26)

(1) 축복의 산과 저주의 산 (27:11~13)

하나님의 말씀에 순종하는 자들에게는 축복이 선포되고 하나님을 거역하고 불순종하는 자들에게는 저주가 선언된다. 모세는 요단강을 건넌 후에 세겜 땅 북쪽에 있는 그리심 산과 에발 산에서 이행해야할 축복과 저주 의식에 대해 설명한다. 시므온, 레위, 유다, 잇사갈, 요셉, 베냐민은 백성을 축복하기 위해 그리심 산에 서야한다(12절). 르우벤, 갓, 아셀, 스불론, 단, 납달리는 저주하기 위해 에발 산에 서야 한다(13절). 어떤 근거로 지파들이 이와 같이 배열되었는지 결정하는 것은 쉽지 않은 일이다. 그러나 분명한 것은 에브라임과 므낫세는 요셉 지파로 함께 묶여 소개된다. 성도들이 하나님의 말씀을 따르는 삶에는 회색지대가 없다. 순종 아니면 불순종이다. 성도들은 하나님을 사랑하고 이웃을 사랑하는 삶을 실천하여 하나님의 축복의 산에 서야 한다.

나의 행위가 하나님을 기쁘시게 하고 있는가? 부모를 공경하며 약하고 소외된 자들을 돌보고 있는가?

(2) 저주 받을 행동들 (27:14~26)

그리심 산과 에발 산 사이에서 레위 사람이 큰 소리로 이스라엘의 모든 사람들에게 저주 받을 행동에 대해 외치면 백성들은 이에 응답하여 아멘으로 화답해야 한다. 레위사람이 외칠 저주 항목은 12조항이 있고 그 내용은 십계명과 유사하다. 신명기 27:14~26에 소개된 저주 조항들은 신명기 28:20~68에서 소개된 불순종에 따른 저주와 연관성이 있다. 장인의 손으로 조각하였거나 부어 만든 우상을 은밀히 섬기는 행위는 저주 받을 행위이다. 부모를 경홀히 여기는 자와 이웃의 경계표를 옮기는 자는 저주를 받을 자들이다(16절). 개인적인 탐심으로 이웃의 경계표를 옮기는 행위는 이웃의 재산권을 침해하는 행위이디(17절). 맹인에게 길을 잃게 하는 자와 객이나 고아나 과부의 송사를 억울하게 하는 자도 저주를 받을 자들이다(18, 19절). 이들은 약하고 소외된 자들을 착취하는 자들이기 때문이다. 이스라엘 백성들 가운데 성적으로 부도덕한 자들은 모두 저주받을 자들이다. 아버지의 아내(계모 혹은 과부가 된 계모)와 동침하는 자, 짐승과 교합하는 자, 자매와 동침하는 자, 장모와 동침하는 자들은 모두 저주를 받을 자들이다(20~23절). 이웃을 암살하는 자나 무죄한 자를 죽이려고 뇌물을 받는 자는 모두 저주를 받을 것이다(24, 25절). 하나님의 저주와 심판을 받을 자들은 음란한 자들과 살인하는 자들이다. 레위 사람이 큰 소리로 외치는 죄악의 목록들은 가나안 땅에서 행해지고 있는 추악한 죄들이다. 가나안 땅은 성적으로 심각하게 타락한 땅이다. 근친상간과 동성애로 성적 윤리가 무너진 지 오래며 무죄한 이웃을 살인하는 행위도 만연된 땅이었다. 그러므로 이스라엘 백성들은 가나안 땅에 들어가서 이러한 죄악들을 본받지 말아야 한다. 이스라엘 백성들은 구분된 하나님의 언약 백성들이기에 가나안 백성들과 전혀 다른 삶의 윤리와 가치를 가지고 살아야 한다.

성도들은 하나님 나라를 유업으로 받기 위해 우상 숭배와 음란, 살인과 거짓의 죄를 피해야 한다(갈 5:19, 20). 하나님의 말씀이 금한 악한 행동들을 일삼는 자들에게는 하나님의 저주가 임한다는 사실을 명심해야 한다. 성도들은 이 세상의 문화와 가치가 아닌 하나님의 말씀의 원리를 삶의 기준으로 삼고 행동해야 한다. 이와 같은 삶을 위해 성령의 소욕을 따라 성령의 열매를 맺고 살아야 한다.

이 세상의 타락한 폭력 문화, 음란 문화를 배격하고 순결한 삶을 살아가는가? 하나님의 심판을 두려워하고 이 세상에 속한 악한 죄악을 버리는가?

E. 순종의 복과 불순종의 저주 (28:1~68)

1. 순종의 복 (28:1~14)

(1) 열방 가운데 뛰어난 민족 (28:1~2)

하나님께서 모세를 통하여 율법의 여러 조항들을 말씀하신 후에 하나님의 법에 순종하는 자들에게 임할 축복을 선언하신다. 만일 이스라엘 백성들이 여호와의 말씀을 듣고 그의 모든 명령을 지켜 행하면 하나님께서 그들을 세계 모든 민족 위에 뛰어나게 하실 것이다(1절).[53] 하나님께서는 이스라엘 백성들에게 순종의 중요성을 반복적으로 가르치신다. 이스라엘 백성들은 하나님의 전적인 은혜로 애굽에서 구원을 받았다. 그러나 가나안 땅에서 하나님의 법도에 대한 순종에 따라 그들에게 임할 복이 결정될 것이다. 하나님께서는 자신의 언약 백성들을 향한 원대한 꿈과 계획을 가지고 계신다. 열방 가운데 하나님의 소유된 백성과 이방의 빛을 삼으시는 것이다(출19:5,6). 이 같은 하나님의 꿈과 계획은 하나님의 말씀에 전적으로 순종하는 백성들을 통해 이루어진다. 하나님께서는 순종하는 자녀들을 가장 기뻐하신다. 성도들은 하나님의 말씀을 묵상하고 순종하는 삶을 인생의 가장 소중한 가치로 여겨야 한다. 그리할 때 하나님의 복을 받고 누리는 삶을 살 수 있다.

53) 1절에서 "삼가 듣고"라는 히브리어 표현은 שׁמוע תשׁמע(샤모아 티쉬마) 이다. 칼부정사 절대형과 칼 미완료 형태의 결합으로 강조를 나타낸다. 즉 여호와의 말씀을 주의 깊게 경청한다는 의미이다.

하나님의 말씀에 순종함이 없이 축복만 바라보는 기복 신앙에 빠져 있지는 않는가? 요즘 하나님께서 반복적으로 말씀하시는 순종의 삶은 무엇인가?

(2) 들어가도 복 나가도 복 (28:3~6)

하나님은 복의 근원이시며 자신의 백성들에게 복을 주시길 원하신다. 하나님께서 주시는 복은 인간이 주는 혜택들을 뛰어 넘는다. 하나님께서는 이스라엘 백성들에게 여러 가지 복을 약속하신다. 말씀에 순종하는 자들은 성읍에서도 복을 받고 들에서도 복을 받는다(3절). 즉 이스라엘 백성들의 삶의 모든 영역에 하나님의 복이 임한다. 자녀들과 가축들 그리고 모든 소산과 생업에도 복이 임한다. 풍부한 소산으로 인하여 떡 반죽 그릇이 넘칠 것이다. 하나님의 말씀에 순종하는 자들은 어디를 가든지 하나님의 복이 그를 따라다닌다(6절). 진정한 복의 본질은 하나님의 말씀을 순종하며 하나님과 동행하는 복이다(시1편). 신령하고 영적인 축복이 참된 복의 본질이다. 그러나 신령한 복은 부차적으로 이 땅의 모든 삶의 영역에서 풍성한 복을 가져올 수 있다. 먼저 하나님의 나라와 그의 의를 구하면 하나님께서는 성도들이 이 땅에 살아가면서 필요한 모든 것들을 더해 주신다(마 6:33). 하나님께서는 계명에 순종하는 성도들에게 항상 최고의 것을 예비하시고 허락하신다.

하나님의 말씀을 묵상하고 순종하는 것을 최고의 복으로 여기는가? 하나님의 말씀에 순종할 때 주시는 복을 기대하는가?

(3) 하나님의 도우심 (28:7~10)

하나님의 말씀에 순종하는 삶에 때론 고난이 있지만 반드시 상급이 뒤따른다. 성도들은 하나님의 말씀에 순종하기가 힘들지라도 하나님께서 약속하신 은혜와 복을 바라보면서 묵묵히 순종하는 자가 되어야 한다. 하나님께서는 자신의 말씀에 순종하는 자들을 위해 친히 싸워 주신다. 대적이 한 길로 와서 치려하여도 그들은 일곱 길로 물러갈 것이다(7절). 하나님께서는 순종하는 백성들의 창고와 그들이 손으로 하는 모든 일에 복을 주신다. 순종하는 백성들은 하나님의 특별한 백성들이 되며 거룩한 백성들이다. 땅위에 모든 족속들은 순종하는 하나님의 백성들을 보고 두려워 할 것이다. 왜냐하면 전능하신 하나님께서 이들을 자신의 자녀로 삼으시고 보호하시고 도와주시기 때문이다. 하나님의 말씀에 순종하여 하나님을 기쁘시게 하는 자가 되면 하나님께서는 아끼지 아니하시고 모든 것을 허락하실 것이다. 성도들은 하나님의 말씀에 순종하는 삶이 하나님의 축복을 누리는 지름길임을 잊지 말아야 한다.

하나님께 순종하는 삶을 통하여 하나님의 도우심과 보호하심을 경험하고 있는가? 내가 하나님과 동행하는 삶을 사는 것을 이웃들이 바라보고 있는가?

(4) 때에 따라 임하는 복 (28:11~14)

하나님께서 구원 받은 성도들에게 요구하시는 것은 하나님의 말씀에 순종하는 거룩한 삶이다. 성도들이 하나님을 사랑하고 이웃을 사랑하는 삶을 실천할 때 하나님께서 약속하신 복을 경험하고 누릴 수 있다. 만일 이스라엘 백성들이 가나안 땅에 들어가서 하나님의 말씀에 순종하면 그들의 가축과 소산물에 복을 주실 것이다. 하늘의 아름다운 보고를 여시고 그들이 거주하는 땅에 때를 따라 비를 내리실 것이라고 약속하신다. 이스라엘 백성들에게 하늘은 아름다운 보고와 같다. 왜냐하면 하늘에서 비와 이슬이 내려야 농사를 짓고 수확할 수 있기 때문이다. 비의 주인은 바알신이 아니고 오직 하나님이심을 상기시킨다(12절). 순종하면 하나님께서 이스라엘 백성들이 많은 민족들에게 꾸어줄지라도 꾸지 아니하고 머리가 되고 꼬리가 되지 않게 하실 것이다. 하나님께서 이스라엘 백성들을 모든 열방 가운데 높여 주실 것이다(출 19:5, 6). 그러므로 이스라엘 백성들이 꼭 명심해야 할 것은 하나님의 말씀을 떠나 좌로나 우로나 치우치지 아니하고 우상을 섬기지 않는 것이다. 성도들은 하나님의 말씀 안에 거하고 말씀에 순종하는 삶을 살아서 이 세상에서 하나님의 능력을 드러내야 한다. 하나님의 말씀에 순종하는 삶에는 고난과 자아의 죽음이 필요하다. 그러나 순종의 삶에 대한 하나님의 보상은 금생과 내생에 약속이 있는 크고 놀라운 것들이다.

하나님의 말씀을 떠나 좌로나 우로나 치우치지는 않는가? 하나님의 말씀에 철저히 순종하여 하나님께서 높여주시는 은혜를 생활 속에서 경험하고 있는가?

28:3-13의 교차대구구조[54]

A. 경제적 복 (3a)
  B. 비옥한 땅 (3b)
    C. 자녀와 동물의 소생의 번창(4)
      D. 풍성한 음식 (5)
        E. 군사적 승리 (6)
        E.' 군사적 승리 (7)
      D'.풍성한 음식 (8)
    C'. 자녀와 동물의 소생의 번창 (11)
  B'. 비옥한 땅 (12a)
A' 경제적 복 (12b-13)

2. 불순종의 삶에 임하는 저주 (28:15~68)[55]

(1) 따라다니는 저주 (28:15~19)

---

54) 참조. J. H. Tigay, *Deuteronomy* (JPS; Philadelphia: Jewish Publication Society, 1996), 490.

55) 장미자 교수는 신명기 28장의 저주와 에살하돈 조약 저주를 비교 하면서 주전 2000년 기의 저주 문헌의 구조와 내용을 연구했다. 그녀는 다음과 같이 언급한다. "BC 3000년 기 말부터 '저주' 는 여러 종류의 비문, 제의적 용기, 수로, 건물(신전, 궁전 등)을 보호하기 위하여 새겨 넣었고, 조약의 유지를 위해 조약의 마지막 조항에 조약을 파기하는 자에게 저주가 선언된다." 신명기 28장의 "언약 저주는 예언적이고 언약 구정들(토라)을 지키지 않아 언약을 어기는 것을 금하고, 토라를 일상에서 실천하여 여호와 하나님과 언약 관계가 유지되도록 보호하는 역할을 갖는다." 장미자, "에살하돈 조약 저주와 신명기 언약 저주(28장) 비교 연구에 대한 새로운 제언." *Canon and Culture* 3 (2009): 5-31

15~19절의 말씀은 1~6절과 거의 정반대의 말씀이 소개된다. 하나님의 말씀에 순종하는 자들에게는 하나님의 은혜와 축복을 약속하시지만 불순종하는 자들에게는 하나님의 저주를 선언하신다. 하나님의 말씀에 대한 반응의 결과는 항상 두 가지로 나타난다. 하나님께서는 순종하는 자들에게 임할 복을 잠간 말씀하신 후에 불순종하는 자들에게 임할 저주를 제시하신다. 하나님의 명령과 규례를 지켜 행하지 아니하는 자들에게는 하나님의 저주가 항상 따라다닐 것이라고 경고하신다. 불순종하는 자들이 거하는 성읍에 저주가 임하고 들에도 저주가 임할 것이다(15절). 그들의 모든 삶의 터전이 하나님의 저주를 받을 것이며 가축에게도 하나님의 저주가 임할 것이다. 그들이 어디를 가든지 하나님의 저주가 결코 그들을 떠나지 아니할 것이다. 18절에서 네 몸의 소생도 저주를 받는다는 표현이 놀랍다. 부모의 불순종의 삶은 자녀들의 본이 될 수 있고 결국 나쁜 영향력을 자손들에게 물려주게 된다. 이러한 저주의 선포는 순종하는 자들에게 약속한 복의 선포와 정반대다. 성도들은 구원하신 예수 그리스도의 은혜를 망각하지 말고 그분의 말씀에 순종하는 삶을 살아야 한다.

하나님의 말씀에 불순종하여 국가와 사회와 삶의 터전에 하나님의 은혜가 걷히는 것을 본적이 있는가? 모든 삶의 현장에 하나님의 은혜와 복이 임하는 길은 무엇이라고 생각하는가?

(2) 육체적 질병과 자연의 재앙 (28:20~24)

하나님께서는 불순종하는 성도들을 책망하신다는 사실을 잊지 말고 하나님을 두려워하는 신앙을 가져야 한다. 만일 가나안 땅에 살고 있는 이스라엘 백성들이 하나님의 규례와 법도를 어기고 그 분을 배반한다면 그들에게 각종 질병이 임할 것을 말씀하고 있다. 불순종하는 백성들의 몸을 염병, 폐병, 열병, 염증, 학질, 한재와 풍재와 썩는 재앙으로 치실 것이라고 말씀하신다. 하나님께서 처음 창조하셨던 에덴동산에 질병이란 단어가 없었다. 질병의 원인은 여러 가지가 있겠지만 하나님의 말씀에 불순종하는 죄로 인하여 발병하는 경우도 있다. 죄로 인하여 발생한 질병으로 고통을 당할 때에는 하나님께 나아가 철저히 회개하고 예수 그리스도의 치료의 은혜를 구해야 한다. 그리스도의 이름으로 치유가 되었을 때에는 다시 병이 재발하지 않도록 거룩하고 성결한 삶을 살아야 한다. 23절에서 네 머리 위의 하늘은 놋이 되고 네 아래의 땅은 철이 될 것이라고 말씀하신다. 비가 오지 않는 하늘의 모습은 놋과 같이 되고 땅은 메말라 굳어서 철이 될 것이라는 은유적 표현이다. 하나님의 백성들이 불순종할 때 육신에 질병이 임할 뿐만 아니라 자연에게도 재앙이 임한다는 사실을 알아야 한다. 하나님께서 비 대신에 동쪽의 사막 지역에서 불어오는 티끌과 모래를 땅에 내려 배반하는 백성들을 진멸하실 것이라고 말씀한다. 성도들은 불순종의 죄가 얼마나 심각한지를 알아야 한다. 예수 그리스도의 은혜로 구원 받은 성도들은 우상과 악행을 버리고 하나님만을 왕으로 모시는 삶을 살아가야 한다.

예수 그리스도의 십자가 앞에 나아가 불순종의 삶을 회개하고 있는가? 하나님의 말씀을 등진 북한 땅의 황무함을 바라보며 어떤 교훈을 받는가?

(3) 열국에 흩어짐 (28:25~29)

백성들이 가나안 땅에 들어가서 하나님의 말씀에 불순종한다면 하나님께서 그들을 적군 앞에서 패하게 하시고 열방 가운데 흩어버리실 것이라고 말씀하신다(레 26:32, 33). 결국 이 예언적 말씀은 이스라엘 역사 가운데 성취가 되었다. 북이스라엘은 주전 722년에 앗수르에 의해 남왕국 유다는 주전 586년에 바벨론에 의해 멸망을 당했다. 이스라엘 백성들은 열방의 빛으로 부름을 받았으나 불순종으로 인해 열방의 조롱거리가 된다(출 19:5,6; 사 42:6). 불순종하는 백성들을 애굽의 종기, 치질, 괴혈병, 피부병으로 치실 것이고 백성들은 치료받지 못할 것이다. 애굽의 종기는 출애굽 당시 애굽 사람들에게 임한 재앙이나 이 재앙이 불순종하는 이스라엘 백성들에게 임할 것이다. 또 하나님께서 그들을 미치는 것과 정신병과 같은 각종 정신 질환으로 치실 것이다. 백성들의 눈이 어두워서 대낮에도 더듬으면서 다니고 그들의 앞날은 형통하지 못하며 원수들에게 압제를 당해도 구원해 줄자가 없을 것이다(사 59:9, 10). 성도들이 하나님의 품을 떠나 불순종의 삶을 살면 그 자체가 불행이며 나아가 인생의 비참한 재앙들이 찾아온다. 진정한 행복은 하나님의 말씀을 듣고 묵상하며 온전히 순종하는 가운데 찾아온다.

예수 그리스도의 말씀과 사랑을 떠나서 각종 정신 질환에 시달리는 사람들을 어떻게 도울 수 있겠는가? 하나님의 말씀이 어두운 인생

길에 빛을 비추어 주심을 알고 말씀 앞에 나아가는가?

(4) 빼앗기는 삶 (28:30~35)

성도들이 하나님의 말씀에 불순종하면 하나님께서 주셨던 여러 가지 복들을 빼앗기게 된다. 아무리 열심히 일하여 물질을 모은다 하여도 하나님을 떠난 수고는 모두 허사로 돌아가게 된다. 이스라엘 백성들은 이스라엘 백성들이 하나님의 말씀에 불순종할 때 육체적인 질병뿐만 아니라 삶의 상실감과 허탈감에 빠질 것이다. 그들은 인생의 가장 중요한 순간에 누리는 기쁨을 빼앗기게 될 것이다. 여자와 약혼하였으나 다른 사람이 약혼녀를 빼앗을 것이며 집을 건축했으나 그 집에 거주하지 못하고 포도원을 심었으나 그 열매를 따지 못할 것이다. 유목민들에게 가장 소중한 재산인 소와 양과 같은 가축들을 원수들에게 빼앗길 것이며 자녀들도 다른 민족에게 빼앗기고 찾지 못할 것이다(사 51:17-21). 열심히 수고하여 얻은 토지의 소산물들을 알지 못하는 민족이 먹고 백성들은 그들에게 압제를 당할 것이다. 이러한 비참한 일들이 일어나는 것을 눈으로 보면서 결국 미칠 것이다. 백성들은 발바닥에서부터 머리끝까지 심한 종기가 나서 견디기 힘든 고통을 당할 것이다(사 1:5, 6). 하나님의 말씀에 불순종하는 것은 스스로 재앙을 불러오는 것과 마찬가지다.

하나님의 도우심을 무시하고 자신의 능력만을 믿고 행동하지는 않는가? 삶에 나타나는 여러 가지 문제들을 통하여 하나님의 음성을 듣고 있는가?

(5) 놀람과 비방거리 (28:36~42)

성도들이 이 세상에서 가장 귀중하게 생각해야 하는 것은 하나님의 입에서 나오는 말씀이다. 하나님의 진리의 말씀 안에 인생의 참다운 의미와 기쁨을 찾을 수 있다. 이스라엘 백성들이 하나님의 말씀에 불순종하면 그들의 왕이 다른 나라에 끌려가고 백성들은 알지도 못하는 우상과 신들을 섬길 것이다. 이로 인하여 이스라엘 백성들이 비록 하나님의 택함을 받은 민족이지만 여러 민족 중에서 놀람과 속담과 비방거리가 될 것이다. 하나님의 말씀에 불순종하면 많은 사람들 앞에서 부끄러움과 수치를 당하는 인생을 살 것이다. 또한 백성들이 아무리 많은 종자들을 들에 뿌려도 메뚜기가 그것을 먹으므로 적게 거두고 포도원을 가꿀지라도 벌레가 먹어 포도를 따지 못할 것이다(욜 1:4-12, 2:25; 암 7:1-3). 백성들이 아무리 수고해도 그 수고에 합당한 열매를 누리지 못하고 메뚜기에게 빼앗길 것이다. 감람나무는 이스라엘 백성들의 일상의 삶에 중요한 역할을 한다. 그 열매의 기름을 식용유, 약재, 성소의 관유 등으로 사용하기도 한다. 그런데 그 열매가 하나님의 저주로 땅에 떨어지게 된다. 무엇보다도 비참한 것은 백성들이 자녀들을 낳아도 그들이 포로가 되어 부모와 함께 있지 못할 것이다. 자녀들이 사로잡혀가는 것은 결국 아브라함 언약의 파기를 의미한다(창 12:1-3,13:16, 15:5).

하나님을 경홀히 여겨 사람들 앞에 조롱거리가 된 적은 없는가? 부모가 하나님의 말씀에 순종하여 자녀들에게 부어주시는 하나님의 은혜와 복을 경험하는가?

(6) 꼬리가 됨 (28:43~46)

성도들은 스스로 교만하여 높아지려고 하지 말아야 한다. 하나님의 능하신 손아래서 하나님의 말씀에 순종하는 삶을 살 때 하나님께서 높여 주신다. 그러나 반대로 하나님의 말씀에 불순종하면 점점 낮아질 것이다. 이스라엘 백성들이 하나님의 말씀에 불순종할 때 그들은 이방인들보다 점점 낮아져서 그들에게 꾸는 삶을 살 것이다. 하나님께 순종하는 이방인들은 머리가 되고 불순종하는 이스라엘 백성들은 꼬리가 될 것이다(사 56:1-9). 하나님께서 말씀하신 저주가 이스라엘 백성들을 따라다녀 마침내 그들에게 이르고 백성들은 멸망할 것이다. 불순종하는 백성들과 그들의 자손에게 임한 저주는 영원토록 표징과 교훈거리가 될 것이다. 하나님의 말씀에 순종하면 자손들에게 긍정적인 교훈을 남겨줄 수 있으나 불순종하면 부정적인 교훈을 전해주고 후손들의 비방거리가 될 것이다. 인생의 생사화복은 하나님께서 주장하신다. 성도는 순종하는 자들에게 임하는 하나님의 복을 경험하고 자녀들에게 하나님의 말씀을 가르쳐야 한다. 그러나 반대로 하나님의 말씀에 대한 불순종의 결과가 얼마나 하나님 앞에 심각한 것인지를 깨닫고 불순종의 위험성도 자녀들에게 가르쳐야 한다. 성도들은 하나님의 말씀에 순종하는 아름다운 영적 자산을 자녀들에게 물려주어야 한다.

자녀들에게 하나님의 말씀에 순종하는 삶의 본을 보이고 있는가? 하나님께서 순종하는 백성들의 생사화복을 주장하시고 높여주심을 믿고 살아가고 있는가?

(7) 불순종이 불러온 전쟁 (28:47~57)

적군의 공격 (28:47~52)

하나님의 말씀에 불순종하는 백성들에게는 국가적인 재앙인 전쟁이 하나님의 심판의 도구로 사용될 수 있다. 하나님께서 복을 주셔서 이스라엘 백성들의 생활에 부족함이 없이 모든 것이 풍부할 때 백성들은 더욱 더 마음과 뜻과 정성을 다하여 하나님을 섬겨야 한다. 부요한 가운데 세상의 안락에 빠져 하나님을 전심으로 섬기지 못한다면 백성들은 오히려 헐벗고 굶주리게 되며 하나님께서 일으키는 적군들을 섬기게 될 것이다. 불순종하는 백성들의 목에 철 멍에를 메워 멸할 것이다 라는 말씀은 결국 유다의 마지막 왕인 시드기야에게 성취되었다(렘 39:7). 하나님께서 한 민족을 먼 곳에서 불러 이스라엘 백성들을 치러오게 하실 것이다. 그 민족은 용모가 흉악하고 노인과 유아를 보살피지 아니하는 잔인한 민족이다. 이들은 하나님께 불순종하는 이스라엘 백성들의 온 성읍을 에워싸고 맹렬한 공격을 할 것이다. 앗수르의 침공과 바벨론의 침공 역시 이 모습을 잘 드러내고 있다. 이스라엘 백성들이 가나안을 정복할 때에는 하나님의 도우심으로 승리를 경험했으나 백성들이 말씀에 불순종할 때 하나님께서는 대적자들을 일으키시고 그들을 통해 백성들을 심판하실 것이다.

이 세상을 하나님보다 더 사랑하지는 않는가? 삶이 편안하고 부유해질 때에도 더욱 하나님을 기쁨과 즐거움으로 섬기고 있는가?

자중지란 (28:53~57)

성도들은 하나님의 심판이 얼마나 무서운지를 생각하며 하나님을 경외하는 삶을 살아야 한다. 이스라엘 백성들이 하나님의 명령에 불순종할 때 하나님께서는 적군을 일으키시고 그들이 성읍을 에워싸고 맹렬한 공격을 퍼부을 것임을 말씀한다. 성읍에 갇힌 백성들은 배고픔과 굶주림을 견디다 못해 그들의 소중한 자녀들을 잡아먹게 된다. 극심한 고통의 상황 가운데 온유하고 연약한 남자까지 그 형제와 아내와 자녀를 분노에 찬 미운 눈으로 바라보고 자녀들의 살을 먹을 것이다. 부모가 자녀들의 살을 먹는 행위는 인간으로서 겪을 수 있는 최악의 상황 가운데 빠지게 된다는 의미이다. 역사적으로 사마리아 성과 유다 성이 원수들에게 에워싸였을 때 백성들은 자녀들의 고기를 먹었다(왕하 6:24-33;애 2:20; 4:9, 10). 불순종하는 백성들에게 임할 하나님의 심판은 차마 눈으로 볼 수 없을 정도로 무섭고 잔인하다. 성도들은 좋으신 하나님뿐만 아니라 죄와 불순종을 심판하시는 하나님의 속성도 알아야 한다. 하나님의 말씀을 떠나 자신의 욕심을 우상으로 삼고 추구하는 삶의 결말은 상상할 수 없을 정도로 비참하다.

하나님께서 죄악의 심판 주이심을 믿고 하나님을 두려워하는가? 나라가 전쟁의 위기에 빠졌을 때 하나님께 회개와 통회의 눈물로 나아가는가?

(8) 불순종의 삶에 임할 극렬한 재앙 (28:58~68)

질병과 재앙 (28:58~62)

하나님께서 선물로 주신 성경은 모든 성도들의 신앙과 삶의 기준이다. 성도들은 성경에 기록된 하나님의 말씀을 즐거워하며 묵상하고 힘써 준행해야 한다. 성경을 통하여 하나님을 경외하는 믿음을 배워야 한다. 가나안 땅에 들어간 이스라엘 백성들은 율법책에 기록된 모든 말씀을 지켜 행하고 영화롭고 두려운 하나님을 경외해야 한다. 만일 백성들이 하나님의 말씀에 불순종하고 하나님을 경외하지 않는다면 극렬한 하나님의 재앙이 그들과 그들의 자손에게 임할 것이다. 하나님께서는 백성들이 두려워하는 애굽의 모든 질병을 그들의 몸에 들어붙게 하실 것이며 심지어 율법책에 기록되지 않은 모든 질병과 재앙까지 가져올 것이다(22, 27, 28절). 백성들이 하나님께 불순종하면 비록 그들의 수가 하늘의 별과 같이 많을지라도 죽임을 당하고 얼마 남지 못할 것이다. 즉 아브라함의 언약의 복을 상실하게 될 것이다(창 15:5). 전쟁과 폐허로 인하여 성읍에 남은 백성들의 수효는 극히 적을 것이다. 성도들이 하나님의 말씀을 순종하는 것은 곧 하나님을 경외하는 것이다. 성도들이 하나님을 진심으로 사랑하면 하나님의 계명을 힘써 지키게 된다.

뽑히고 흩어짐 (28:63~68)

이 세상에서 가장 두려워해야 할 분은 하나님 한 분이시다. 가나안 땅에 들어간 이스라엘 백성들은 하나님의 성품을 잘 알아야 했다. 하나님께서는 이스라엘 백성들에게 선을 행하시고 그들이 번성하기를 기뻐하시는 분이시다. 그러나 백성들이 불순종하면 그들을 망하게 하시며 멸하시고 그들이 살고 있는 땅에서 뽑으실 것이라고 말씀하신다. 땅에서 뽑는다는 것은 하나님께서는 불순종하는 백성들을 만민 가운데 흩어버리시겠다는 것이다(렘 1:10; 12:14, 17; 45:4). 백성들은 열방에 흩어져 그들이 알지도 못하는 우상들에게 절할 것이다. 백성들은 평안함을 얻지 못하고 쉬지도 못하고 마음이 떨리고 눈이 쇠할 것이다. 생명은 위협을 받고 하루하루 고통 가운데서 잠자리에 들 것이다. 결국 불순종하는 백성들은 이방 땅에 포로로 끌려갈 것이며 그곳에서 자신을 남녀 종으로 팔려고 해도 살자가 없을 것이다. 그 땅에서 무가치한 존재들로 전락할 것이다. 성도들의 참다운 가치는 하나님을 경외하고 말씀에 순종하는 믿음의 삶을 살아갈 때 나타난다. 성도는 순종의 본이 되신 예수 그리스도를 본받아 순종하는 삶을 살아야 한다(빌 2:8).

생명을 구원하시고 보호해 주시는 예수 그리스도의 삶을 본받아 날마다 순종하는 삶을 사는가? 하나님의 방법을 선택하여 성공하는 삶을 경험하는가?

신명기 28장의 신학적 성격

모세는 가나안 땅에 들어가는 이스라엘 백성들의 운명이 하나님의 말씀에 순종하는 삶에 달려 있음을 반복적으로 제시한다. 하나님의 말씀에 순종하면 복이 따르고 하나님의 말씀에 불순종하면 저주와 고통이 따른다. 신명기 28장의 말씀은 이스라엘 역사에 예언적인 말씀으로도 작용했다. 실제적으로 이사야나 예레미야를 비롯한 여러 선지자들은 신명기 28장의 말씀을 인용하거나 암시적인 표현을 통하여 불순종하는 당시 백성들을 향해 경고와 심판의 메시지를 전했고 결국 이스라엘의 역사는 기록된 말씀의 원리대로 진행되었다. 모세의 메시지는 변함없는 하나님의 성품을 잘 드러내고 있기에 이스라엘 백성들의 역사 속에 지속적으로 적용되고 고백되어진다. 신명기 28장을 적용할 때 주의해야 할 점이 있다. 경건한 하나님의 백성들에게도 재앙과 고난이 임할 수 있다는 점이다. 신명기 자체적인 문맥에서 보면 순종에 대한 보상과 불순종에 대한 징벌의 이분법적인 구조만을 강조할 수 있다. 물론 이스라엘 역사는 이러한 신학적 패턴을 여실히 드러내 주고 있다. 하지만 욥기는 의인도 고난을 당할 수 있다는 신학적 논지를 제공하고 있다. 모든 고난과 재앙이 반드시 죄의 결과만은 아니라는 것이다. 인생이 당하는 고난과 재앙에는 설명하기 힘든 하나님의 신비가 숨어 있다는 점도 명심해야 할 것이다.

모세의 세 번째 설교: 역사적 재조명

(29:1-30:20)

모세의 세 번째 설교: 역사적 재조명 (29:1~30:20)

A. 모압 땅에서 맺은 언약 (29:1~29)

이제 하나님께서는 40년 전에 호렙에서 세운 언약에 덧붙여 보다 좀 더 구체적인 내용으로 모압에서 다시 백성들과 언약을 세운다. 이는 과거 호렙산에서 출애굽 일 세대들과 맺은 언약을 갱신하고 재확인하여 가나안 땅에 들어가는 새로운 세대의 백성들을 교훈하기 위함이다.

1. 깨닫는 마음 (29:1~4)

하나님께서는 자신의 백성들을 위해 기적과 이적을 행하신다. 그러나 성도들은 기적과 이적 자체에 관심을 두기보다 그 일을 행하시는 하나님과 그 의도에 집중을 해야 한다. 하나님께서는 모압 평지에서 가나안 땅에 들어갈 준비를 하는 이스라엘 백성들과 다시 언약을 맺으셨다. 모세는 온 이스라엘 백성들을 소집하고 과거 애굽 땅에서 하나님께서 행하신 구원의 놀라운 일들을 다시 상기시킨다. 과거 하나님께서는 백성들의 눈앞에서 바로와 그의 모든 신하들에게 큰 시험과 이적과 기사를 행하셨다. 출애굽 1세대들은 애굽 땅에서 행하신 하나님의 놀라운 기사와 이적을 자신들의 눈으로 목격했다. 그러나 이스라엘 백성들은 깨닫는 마음과 보는 눈과 듣는 귀는 가지지 못했다. 다시 말하면 현재 이스라엘 백성들은 이러한 일을 행하셨던 하나님에 대한 영적인 이해가 부족했다. 4절에서는 깨닫는 마음과 보는 눈과 듣는 귀를 하나님께서 주시지 아니했다고 언급한다. 이는 그 동안 베풀어 주신 하나님의 은혜와 사랑을 깨닫지 못하는 이스라엘의 강퍅한 마음을 역설적으로 표현한 것이다. 또한 교회의 영적인 리더는 하나님께서 행하신 일들을 바라보면서 바른 해석을 할 수 있는 영적인 안목을 가지고 있어야 한다. 성도들은 기사와 이적 자체를 보고 흥분할 것이 아니라 그 일을 행하시는 하나님의 성품을 바로 알고 섬겨야 한다. 하나님의 기적보다는 하나님의 의중과 계획을 아는 혜안을 가져야 한다.

예수 그리스도의 십자가에서 보여주신 하나님의 구원의 은혜를 늘 기억하고 있는가? 하나님께서 행하시는 일들을 보며 하나님의 속성에 대해 알아가고 있는가?

2. 순종과 형통 (29:5~9)

하나님께서 성도들에게 고난의 세월을 허락하시는 이유는 고난을 통하여 더욱 하나님을 알게 하시기 위함이다. 성도들은 삶에 일어나는 모든 사건들을 통하여 하나님께서 자신의 백성들을 돌보시고 공급하시는 구원의 주이심을 날마다 알아가야 한다. 이스라엘 백성들이 사십 년 동안 광야 생활을 했을 때 그들의 옷이 낡지 않았고 신이 헤어지지 않았다. 이는 하나님께서 광야 생활을 하는 백성들을 돌보시고 인도하셨다는 증거다. 모압 평지에 올 때에 헤스본 왕 시혼과 바산 왕 옥이 길을 막았으나 그들을 이기고 그 땅을 차지했다. 그리고 그 땅을 르우벤과 갓과 므낫세 반 지파에게 기업으로 주셨다. 하나님께서 과거에 행하신 일은 현재 백성들이 하나님께 순종하는 근거가 된다. 하나님께서 지금까지 백성들을 인도하시고 돌보셨기에 백성들은 더욱 더 하나님과 맺은 언약의 말씀을 지켜 행해야 한다. 앞으로도 백성들이 하나님의 말씀에 순종하면 하나님께서 기뻐하시고 그들의 길을 형통하게 열어주실 것이다. 성도가 하나님의 구원과 보호하심의 은혜에 보답하는 최선의 길은 하나님의 말씀에 순종하는 삶과 헌신의 삶이다. 성도의 진정한 영성은 삶에 대한 믿음의 해석에 달려 있다.

고난과 환란 가운데에서도 돌보시는 하나님의 은혜에 감사하는가? 과거 하나님의 은혜를 기억하고 현재 그 분의 말씀에 순종하는 삶을 살아가는가?

3. 여호와의 언약식 (29:10~13)

하나님의 언약 백성들은 하나님을 왕으로 삼고 왕의 명령과 규례를 따라 살아가야 한다. 하나님께서는 모압 평지에서 이스라엘의 지도자로부터 종에 이르기까지, 또한 아내와 유아들과 모든 자녀들까지도 모으고 그들과 다시 언약을 맺으신다. 하나님께서 이스라엘 백성들과 언약을 맺으시는 이유는 그들의 조상 아브라함과 이삭과 야곱에게 하신 맹세를 지키기 위함이었다.

하나님께서는 이스라엘의 왕이 되시고 그들은 하나님의 백성이 되어 왕과 백성의 관계를 세우신다. 언약 체결을 통하여 하나님께서 통치하시는 언약 백성의 신분을 가지게 된다. 언약은 하나님과 이스라엘 백성 상호간에 맺어졌으며 서로 의무를 다해야 한다. 예수 그리스도께서는 성도들의 왕이시며 성도들은 그분의 언약 백성이다. 성도들은 예수 그리스도의 십자가의 피로서 하나님과 언약을 맺은 하나님나라의 언약 백성들이다. 하나님께서는 예수 그리스도를 통하여 자신의 백성들을 구원하시고 그들과 언약을 맺으셨다. 하나님의 언약 백성 됨을 개인과 가정의 모든 자녀들에게도 지속적으로 가르쳐야 한다. 또한 교회는 성찬예식을 신실하게 거행하면서 성도들이 하나님의 언약 백성됨을 고백하고 확인해야 한다.

하나님 앞에 서서 그분의 왕권을 인정하고 그 분을 왕으로 경배하는가? 그리스도의 은혜로 우리를 백성으로 삼아 주신 하나님의 은혜의 언약에 감사하는가?

4. 영원한 언약 (29:14~21)

하나님과 맺은 언약 관계는 영원하다. 하나님을 왕으로 모시는 신앙은 자녀들에게도 가르쳐야 하며 대대손손 전수해야 한다. 이스라엘 백성들이 모압 평지에서 여호와와 맺은 언약은 그 자리에 있었던 백성들뿐만 아니라 앞으로 일어날 자손들과도 맺은 언약이다. 이스라엘 백성들이 애굽에서 살았을 때와 여러 나라들을 통과했을 때 그들은 이방 나라 가운데 있는 여러 우상들을 보았다. 만일 이스라엘 백성들의 마음이 하나님 여호와를 떠나서 이방 민족들 가운데 있는 우상들을 섬기고자 한다면 이는 마치 독초와 쑥의 뿌리가 될 수 있다. 이러한 마음과 태도는 독 버섯처럼 백성들 사이에 퍼질 것이다. 또한 하나님의 저주의 말씀을 듣고도 마음이 완악하여 스스로 자만하고 평안할 것이라고 생각한다면 하나님의 저주가 그들에게 속히 임할 것이다.[56] 하나님께서는 이렇게 자신을 속이는 자들을 결코 용서하지 아니할 것이며 여호와의 분노와 질투의 불을 그들 위에 부으실 것이나. 이스라엘 모든 지파 중에 여호와를 배반하고 우상을 섬기는 자들을 따로 구분하여 율법책에 기록된 언약의 저주대로 그들에게 화를 내리실 것이다. 성도들은 가족과 친족과 다른 성도들을 권면하여 그들이 죄악의 유혹에 물들지 않도록 해야 한다.

마음에 이 세상을 사랑하는 우상이 자리 잡고 있지는 않는가? 질투하시는 하나님의 속성을 알고 하나님보다 더 사랑하는 것을 버리는가?

56) 19절은 "젖은 것(הרוה)과 마른 것(הצמאה)이 멸망할지라도 내게는 평안이 있으리라"고 언급한다. 젖은 것과 마른 것은 상단법(merism)으로 이 세상의 모든 것을 언급하는 표현이다.

5. 이방인들의 조롱거리 (29:22~29)

(1) 자손과 객들의 질문 (29:24~29)

이스라엘 백성들이 불순종한다면 하나님께서는 그들이 거주하는 땅에 재앙과 질병을 내리실 것이다. 그들의 온 땅이 유황이 되며 소금이 되고 불에 타서 소돔과 고모라 아드마와 스보임 같이 황폐할 것이다.[57] 마치 하나님께서는 소돔과 고모라의 죄악을 보시고 이 도성을 철저히 심판하신 것처럼 이스라엘 백성들에게 그렇게 하실 것이다. 이런 비참한 모습들을 바라보며 백성의 자손들과 그 땅을 지나가는 나그네들이 왜 하나님께서 이 땅에 이와 같은 일을 행하셨는지 물어볼 것이다. 하나님의 자녀들이 이 세상에서 빛과 소금의 역할을 감당하지 못하고 영적으로 무기력하면 오히려 세상 사람들의 조롱거리가 된다. 성도들은 말씀에 순종하고 하나님을 사랑하는 삶을 살면서 하나님의 보호하심과 높여주심을 경험하며 살아가야 한다. 성도들은 이 세상에서 하나님의 택하신 족속이요 왕 같은 제사장으로 부름 받은 자들임을 잊지 말고 하나님의 영광을 위해 살아가야 한다.

(2) 감추어진 일과 나타난 일 (29:25~29)

성도들이 이 땅에서 겪고 있는 모든 문제들에는 원인이 있다. 하나님의 말씀 안에서 문제의 원인들을 잘 살펴보고 문제를 해결하고 극복하는 삶을 살아가야 한다. 이스라엘 백성들에게 임한 저주의 원인

57) 아드마와 스보임은 소돔 근처에 있던 성읍들 가운데 하나였다(창 10:19; 14:2)

에 대한 질문에 이방인들이 정확한 대답을 한다. 이방인들은 이스라엘 백성들이 자기 조상의 하나님 곧 애굽에서 인도해 내신 하나님과 맺은 언약을 버렸기 때문에 하나님께서 심판하신 것이라고 대답한다. 이스라엘 백성들이 하나님을 섬기지 않고 우상을 섬기고 절했기 때문에 여호와께서 이 땅에 대하여 진노하셨고 그들을 땅에서 뽑아내서 다른 나라에 던지셨다고 할 것이다. 하나님의 말씀에 대한 불순종은 하나님의 율법책에 기록된 저주를 불러왔다. 이스라엘 백성들은 감추어진 하나님의 섭리와 주권을 모두 다 이해할 수는 없었다. 그러나 하나님께서 모세를 통하여 명령하신 율법과 규례는 분명하게 드러났고 전달이 되었다. 이것이 바로 나타난 일이다. 따라서 이스라엘 백성들은 나타난 하나님의 뜻을 순종하고 행해야 한다. 성도들은 신비한 일들을 알려고 애쓰기 보다는 기록된 하나님의 말씀에 순종하는 삶을 살려고 더욱 힘써야 한다. 성경에 기록된 하나님의 말씀에 순종하는 것이 성도들의 몫이다.

하나님께 대한 불순종과 영적 무력감으로 인해 세상 사람들에게 조롱거리가 된 적은 없는가? 하나님의 교회가 영적으로 타락할 때 세상 속에서 어떤 일들을 겪게 되는가? 우리에게 주어진 성경을 읽고 묵상하며 순종하는가?

B. 회복의 길 (30:1~10)

1. 말씀에 청종하는 자의 복 (30:1~8)

하나님께서는 백성들이 죄를 범하고 불순종할 때는 심판을 준비하시나 회개하고 돌이킬 때는 회복을 준비하신다. 이스라엘 백성들이 하나님께 불순종하여 열방으로 쫓겨 포로 생활을 하던 중에도 하나님의 말씀이 생각나거든 그들은 하나님께로 돌이키고 마음과 뜻을 다하여 다시 하나님의 말씀에 귀를 기울여야 한다. 그리하면 하나님께서 백성들을 불쌍히 여기사 포로에서 돌아오게 하실 것이며 열방에서 다시 모으실 것이다. 하나님께서 조상들에게 약속하신 땅에 다시 돌아오게 하사 그것을 차지하게 하시고 번성하게 하실 것이다. 하나님께서는 돌아온 백성들의 마음과 그들의 자손의 마음에 할례를 행하시고 마음과 뜻과 정성을 다하여 하나님을 사랑하게 하시고 그들로 생명을 얻게 하실 것이다(렘 32:39, 40). 이스라엘 백성들에게 진정으로 필요한 것은 육신의 할례가 아니라 마음의 할례였다. 불순종의 삶을 버리고 마음을 다하여 하나님께 돌이키고 순종할 때 하나님께서는 온전한 회복으로 인도하신다. 하지만 이스라엘 백성들을 괴롭혔던 원수들에게 저주를 내리실 것이다. 인생들로 고생하게 하시며 근심하게 하시는 것은 하나님의 본심이 아니시다(렘 29:10, 11). 성도들은 하나님의 책망을 받아 슬픔 가운데 있을 때에도 즉시 하나님께로 돌이켜 그 분의 말씀에 청종하는 삶을 살아야 한다.

마음을 다해 하나님을 섬기지 않고 입술로만 하나님을 섬기지는 않는가? 영적인 침체 가운데 하나님께 회복을 간구하고 있는가?

2. 회개하는 자의 복 (30:9~10)

회개와 순종은 하나님의 회복을 앞당기는 지름길이다. 이스라엘 백성들이 포로생활에서 해방된 후 가장 관심을 가져야 할 것은 하나님의 율법의 말씀이었다. 이스라엘 백성들이 하나님을 사랑하는 것은 곧 하나님의 말씀에 순종하는 삶으로 나타난다. 이스라엘 백성들이 하나님의 말씀에 순종하고 하나님께로 돌이키면 하나님께서 그들의 손으로 하는 모든 일에 복을 주시며 자녀들과 심지어 가축의 새끼와 토지소산을 많게 하실 것이다. 그들의 조상들에게 약속했던 복이 다시 백성들에게 가득히 임할 것이다. 하나님의 말씀에 순종하는 백성들을 하나님께서 기뻐하신다. 성도들은 하나님을 기쁘시게 할 것이 무엇인지를 말씀을 통하여 잘 분별하고 하나님의 기쁨이 되는 삶을 살아가야 한다. 성도들이 하나님께 기쁨을 안겨다 주는 삶을 산다면 하나님께서는 모든 복을 아끼지 않으실 것이다.

하나님께서 성경을 통하여 나에게 주시는 말씀을 적용하여 순종하는 삶을 살아가고 있는가? 하나님께로 돌이켜야 할 삶의 영역은 무엇이 있는가?

3. 생명과 복과 사망과 화 (30:11~20)

(1) 가까운 하나님의 말씀 (30:11~14)

하나님께서는 자신의 백성들에게 접근하기 어렵고 불가능한 계명을 순종하라고 명하시지 않는다. 예수님께서 말씀하셨던 것처럼 그분의 멍에는 쉽고 가볍다. 하나님께서는 이스라엘 백성들에게 계명의 속성에 대해 설명 하신다. 하나님의 명령은 어려운 것도 아니요 먼 것도 아니다. 계명이 하늘에 있어 누군가 그 계명을 가지러 하늘에 갈 필요가 없다. 또한 바다 밖에 있는 것이 아니어서 그 계명을 가지러 바다를 건너갈 필요도 없다. 하나님의 말씀은 이스라엘 백성들에게 매우 가까이 있다. 모세가 말하고 있는 동안 말씀이 그들의 귀와 입술에 있었다. 하나님의 율법은 그들의 입과 마음에 있어 언제든지 마음만 먹으면 순종할 수 있었다. 오늘날에는 하나님께서 성도들에게 기록된 하나님의 말씀인 성경을 주셨다. 성경은 살아계신 하나님의 말씀이다. 그러므로 성도들은 성경을 사랑하고 읽고 묵상하고 실천해야 한다. 하나님께서 성도들에게 주신 최고의 선물인 성경을 부지런히 배우고 마음에 새기고 삶으로 살아내야 한다.

성경이 정확무오한 하나님의 말씀임을 믿는가? 하나님의 말씀인 성경을 사랑하고 매일 부지런히 읽고 묵상하고 즐거운 마음으로 실천하는가?

(2) 축복의 길과 망하는 길 (30:15~20)

개인, 가정, 국가의 흥망성쇠는 하나님의 손에 달려 있다. 모든 시대 가운데 하나님의 말씀에 순종하는 백성들은 생존하고 번성하였다. 하나님께서는 이스라엘 백성들 앞에 생명과 복과 사망과 화를 두셨다. 백성들이 만일 여호와를 사랑하고 그 모든 길로 행하며 명령과 규례와 법도를 지키면 생존하고 번성하여 하나님께서 주시는 땅에서 복을 누리며 살 것이다. 그러나 백성들이 유혹을 받아 다른 신을 섬기고 하나님을 떠난다면 가나안 땅에서 그들의 생명이 길지 못할 것이다. 하나님께서는 백성들 앞에 축복의 길과 사망의 길을 두셨다. 백성들 자신과 그들의 자손이 살기 위해서는 생명을 택하고 여호와를 사랑하고 그의 말씀을 청종해야 한다. 하나님께 순종하는 길이 축복의 길이며 생명의 길이다. 예수 그리스도의 은혜로 구원 받은 성도들은 하나님을 사랑하고 그의 말씀을 청종해야 한다. 하나님과 복음에 대한 순종의 삶이 성도들의 삶을 풍성하게 한다. 성도들이 하나님의 말씀의 길을 따라 이 세상을 살아갈 때 번성하고 참된 복을 누리게 될 것이다.

순간마다 생명과 지혜의 길을 택하는가 아니면 유혹과 미련한 길을 택하는가? 하나님을 사랑하고 말씀에 순종하므로 하나님 나라의 즐거움과 복을 누리고 있는가?

생명나무와 선악과 vs.생명의 길과 사망의 길

하나님께서는 이스라엘 백성들 앞에 생명과 사망 복과 저주의 두 길을 소개하였다. 그리고 백성들에게 살기 위해 생명을 택하라고 명령하신다(신 30:19). 이는 창세기 2장의 에덴동산 한 가운데 있는 생명나무와 선악과를 독자들에게 연상시킨다. 하나님께서는 에덴 동산의 한 가운데 생명나무와 선악과를 두셨다(창 2:9). 하나님께서는 인류의 첫 백성인 아담과 하와에게 동산 각종 나무의 열매는 네가 임의로 먹되 선악을 알게 하는 나무의 열매는 먹지 말라고 명령하셨다(창 2:16,17). 아담과 하와가 선악과를 선택하면 반드시 죽게 된다. 그들은 생명을 유지하기 위해 하나님의 말씀에 순종해야 하고 생명나무를 선택해야 했다. 따라서 창세기와 신명기의 저자인 모세는 생명나무를 하나님 말씀에 순종하는 자에게 주어지는 생명으로, 선악과는 불순종하는 자에게 내려질 사망과 저주임을 상징적인 패턴으로 제시한다(신 30:19. 참조 수 24:15; 렘 21:8). 잠언에서는 언약 백성들의 삶의 원리가 생명나무와 함께 제시된다. 언약백성은 지혜의 길과 미련한 자의 길, 의인의 길과 악인의 길 사이에서 생명나무의 이미지로 제시된 지혜의 삶을 선택해야 한다(잠 3:8, 12:18, 13:17, 16:24, 17:22).

결론적 내러티브

(31:1~34:12)

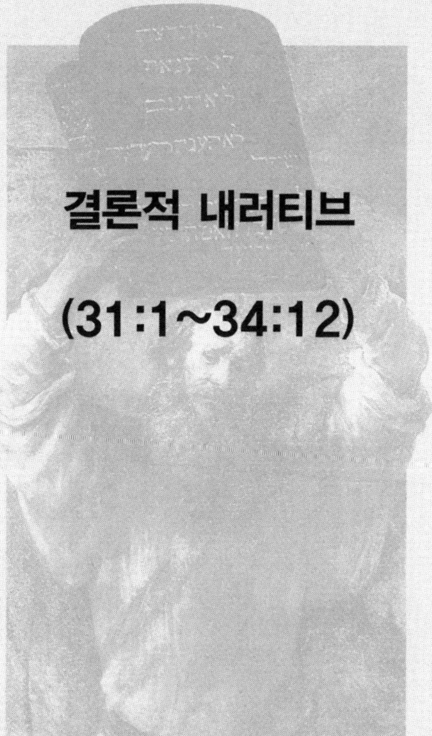

결론적 내러티브 (31:1~34:12)

신명기 31장부터 이스라엘 백성들을 위한 리더십의 전환과정에 관한 내용이 소개된다. 모세의 시대가 점점 막을 내리고 새로운 영적 지도자인 여호수아가 역사의 새로운 장면에 임명된다. 하지만 인간 지도자는 변할지라도 하나님을 왕으로 모시고 그의 말씀에 의한 지배를 받는 신정주의적 통치는 지속된다.

A. 모세의 마지막 권고 (31:1~29)

1. 요단을 건너지 못하는 모세 (31:1~5)

모세는 온 이스라엘 백성들 앞에서 자신의 사명의 한계와 하나님의 계획에 대해 말한다. 모세의 나이가 이제 백 이십 세이며 그가 하나님께 받은 사명의 기한이 다했다. 애굽의 왕궁에서 40년, 미디안 광야에서 목자로 40년, 이스라엘 백성들의 인도자로 40년의 세월을 합치면 모세의 나이가 120이 된다. 하나님께서는 이미 모세에게 요단을 건너가지 못할 것이라고 말씀 하셨고 모세는 백성들에게 자신을 바라보지 말고 하나님의 약속을 바라볼 것을 권고한다. 하나님께서 이스라엘 백성들보다 먼저 건너가셔서 가나안 족속들을 멸하시고 그 땅을 차지하게 하실 것이다. 또한 하나님께서는 모세 대신에 여호수아를 세워 그가 백성들을 이끌고 가나안 땅에 들어가게 될 것을 말씀하신다. 하나님께서 아모리 왕 시혼과 옥을 이스라엘 앞에서 패하게 하셨던 것처럼 가나안 족속들을 이스라엘 백성의 손에 넘기실 것이다. 모세는 가나안 땅을 앞에 두고 자기 사명의 한계를 바로 겸손함으로 받아드렸다. 성도들은 자기 자신의 능력과 사명의 한계를 바로 아는 지혜가 필요하다. 하나님께서는 약속을 이루시기 위해 우리보다 앞서 행하시며 새로운 사람을 세우시면서 일을 이루신다. 성도들은 하나님의 뜻과 계획을 바로 알고 순종하는 삶을 살아야 한다. 지나친 욕심은 오히려 하나님의 뜻을 방해한다.

하나님의 계획과 뜻 앞에 겸손하게 반응하는가? 나보다 앞서 행하시는 하나님을 믿고 신뢰하며 따라가는가?

2. 후계자 여호수아에게 (31:6~8)

성도들이 이 세상에서 승리하는 비결은 하나님의 약속의 말씀을 믿고 강하고 담대하게 나아가는 것이다. 두려워하는 마음이나 근심의 마음은 하나님께서 주시는 마음이 아니다(딤후1:7). 사명의 마지막 기로에 선 모세는 백성들에게 강하고 담대하라고 권고한다. 하나님께서 함께 하심을 확신시키며 그들을 무장시킨다. 그리고 여호수아를 온 이스라엘 백성 앞에 세우고 그에게 또한 강하고 담대해야 함을 명령한다. 여호수아가 강하고 담대할 수 있는 이유는 하나님의 약속의 말씀 때문이다. 하나님께서 가나안 땅을 이스라엘 백성들에게 주시겠다고 약속하셨기에 여호수아는 담대함으로 그 땅에 들어가서 차지하면 된다. 무엇보다도 하나님께서 여호수아 앞에 가시며 그와 함께 하사 그를 떠나지 아니하실 것임을 말씀하셨기에 두려워할 필요가 없다. 성도들은 세상 끝날까지 우리와 함께 하시겠다고 약속하신 예수님의 약속을 믿고 강하고 담대한 믿음으로 이 세상 속에 하나님 나라를 전해야 한다.

이 세상의 물질과 권력 그리고 질병 앞에 낙심하거나 두려워하지는 않는가? 예수 그리스도께서 지금 나와 함께 하심을 믿고 담대하게 하루하루를 살아가는가?

3. 레위 제사장들에게 (31:9~13)

성도들의 신앙생활은 하나님의 말씀을 중심으로 세워져야 한다. 믿음은 하나님의 말씀을 들음에서 나기에 하나님의 말씀을 부지런히 듣고 배워야 한다. 모세는 하나님의 율법을 책에 기록하고 레위 자손 제사장들과 이스라엘 장로들에게 전해 주면서 그들에게 다음과 같이 명령한다. 매 칠 년 끝 해 곧 면제년의 초막절에 온 이스라엘이 절기로 모일 때에 그들 앞에서 율법책을 낭독하여 들려주도록 하였다. 온 이스라엘 백성들의 남녀와 어린이와 그들 가운데 거주하는 타국인들도 하나님의 말씀을 듣고 배워서 하나님 여호와를 경외하도록 하였다. 가나안 땅에 들어가서 무엇보다도 모세는 하나님의 말씀을 잘 알지 못하는 백성의 자녀들 즉 후세대들에게 말씀 교육을 철저히 시키라고 명령하고 있다. 성도들의 믿음은 반드시 자녀들에게 전수되어야 한다. 가정에서 하나님의 말씀을 부지런히 가르쳐서 자녀들이 하나님을 경외하는 믿음을 가질 수 있도록 해야 한다. 하나님의 말씀을 배우는 삶의 최종 목표는 지식적인 만족이 아닌 하나님을 경외함에 있다. 하나님을 사랑하고 듣고 배운 말씀을 실천하는 삶을 살아가는 것이 성경 공부의 목적이다.

하나님의 말씀을 부지런히 읽고 묵상하고 배우는 삶을 살아가는가? 가장과 직장에서 자녀들과 이웃들에게 하나님의 말씀을 전하고 가르치는가?

4. 이스라엘의 배교 예언 (31:14~18)

하나님께 범죄하고 우상을 섬기면 하나님의 보호하심의 은혜가 거두어진다. 성도들은 하나님의 축복을 받고 형통한 삶을 살 때 더욱더 하나님을 잘 섬겨야 한다. 하나님께서는 노년의 모세와 함께 그의 후계자 여호수아를 불러 회막으로 나오게 하여 그들에게 말씀하신다. 모세는 이제 나이가 차서 무덤에 눕게 되고 백성들은 하나님께서 약속하신 대로 가나안 땅에 들어가 거주하게 될 것이다. 하지만 백성들은 그 땅에 들어가서 이방 신들을 따르고 하나님을 버리게 될 것을 예언하신다.[58] 하나님을 떠나 우상을 섬기는 백성들에게 하나님께서는 진노하시고 자신의 얼굴을 그들에게서 숨기실 것이다. 하나님의 얼굴을 숨긴다는 것은 하나님의 돌보심의 은혜가 걷힌다는 것이며 이로 인하여 백성들에게는 재앙과 환난이 임하게 된다는 것이다. 성도들은 하나님의 얼굴을 구하는 삶을 살아야 한다. 예수 그리스도 안에 있는 하나님의 영광을 사모하고 성결한 삶을 살아야 한다. 그리하면 하나님의 보호하심의 은혜가 항상 있을 것이다.

이 세상의 우상과 음란한 삶에 미혹되어 살아가지는 않는가? 하나님의 얼굴을 구하며 그 분을 추구하는 삶을 살아가는가?

5. 증거의 노래 (31:19~23)

성도들은 하나님의 명령을 항상 기억하고 마음에 간직할 수 있도록 노력해야 한다. 특히 모든 일이 잘되고 형통할 때 일수록 하나님

---

58) 이스라엘 백성들의 미래 배교에 대한 예언은 과거 그들이 광야 생활에서 범했던 배교 행위를 기억하면서 주어진 것이다. 9장에서 모세는 이스라엘 백성들의 완고함과 부패함을 언급하고 있고 31장은 유사한 용어들을 반복적으로 사용하면서 백성들의 미래 배교를 예언한다. "목이 곧은 백성(עם־קשה־ערף)" - 9:6,13과 31:27; "거역하여(ממרים היתם עם־יהוה)" - 9:7,23,24과 31:27; "부패하여 길에서 벗어나 (השחת תשחתון וסרתם מן־הדרך)" - 9:12,16과 31:29. 참 조 . J-P Sonnet, *The Book within the Book: Writing in Deuteronomy* (BIS 14: Leiden: Brill, 1997), 168.

의 은혜와 사랑을 잊지 말아야 한다. 하나님께서는 모세에게 노래를 만들어 이스라엘 자손들에게 가르치라고 명령하신다. 왜냐하면 이스라엘 백성들이 가나안 땅에 들어가서 그 땅의 열매를 먹고 배부르고 부유해지면 돌이켜 다른 신들을 섬길 것이기 때문이다. 백성들이 가나안의 신들을 섬기면 하나님께서 재앙을 내리실 것이고 백성들은 환난 가운데 고통을 당할 것임이 분명하다. 하나님께서는 백성들의 죄악된 성향과 마음과 생각을 미리 파악하셨고 이러한 상황이 일어날 것을 아셨다. 따라서 이때를 위하여 자손들에게 미리 노래를 만들어 가르치고 증거를 삼으라고 하신다. 노래를 흥얼거리며 하나님을 기억하고 언약을 기억해야 했다. 성도들은 하나님의 은혜를 기억하는 지혜를 가져야 한다. 하나님께 집중하고 모든 마음을 드려야 한다.

가정에서는 자녀들에게 교회에서는 주일학교 학생들에게 하나님의 말씀을 부지런히 가르치는가? 하나님을 찬양하며 그 분의 은혜와 사랑을 기억하고 있는가?

6. 증거의 율법책 (31:24~29)

하나님의 말씀인 성경은 여러 저자들을 통하여 하나님의 영감으로 기록되었다. 성경을 배우고 듣고 읽을 때 하나님의 뜻을 알 수 있고 하나님에 대하여 배울 수 있다. 모세는 율법의 말씀을 다 책에 기록한 후 언약궤를 메는 레위인들에게 전해주면서 언약궤 곁에 두어 증거가 되게 하라고 명령한다. 왜냐하면 모세는 자신이 죽은 후에 백성들이 하나님을 배반하고 떠날 것을 우려했기 때문이다. 모세는 모든 장로와 관리들을 모으고 하나님의 말씀을 그들에게 들려주고 결코 속일 수 없는 하늘과 땅을 증거로 삼는다. 모세 생전에 이스라엘 백성들은 완악하여 원망과 불평을 일삼았다. 모세가 죽은 후에 그들이 부패하여 하나님의 말씀을 떠난다면 하나님의 진노와 재앙을 면하지 못할 것이다. 아담과 하와의 범죄 이후에 인간들은 전적으로 부패하여 하나님의 말씀을 떠나 사는 것이 자연스런 본성이 되었다. 인간의 본성은 하나님의 말씀을 거부하고 떠나는 전적 부패의 삶을 살아가게 되었다. 그러므로 인간들은 오직 예수 그리스도의 십자가의 은혜가 필요하다. 예수 그리스도의 은혜로 구원 받은 성도들은 성령의 충만함을 받아 하나님의 말씀을 기억하고 순종하는 삶을 살아가야 한다.

세상에 살면서 하나님과 그 분의 말씀을 향하는 마음이 점점 나태해지지는 않는가? 날마다 하나님의 말씀을 가까이 하여 영적으로 깨어있는 삶을 살아가는가?

B. 모세의 노래 (31:30~32:47)

모세의 노래는 이스라엘 백성들이 앞으로 반역하고 죄를 범할 것을 미리 알고 그들을 교훈하기 위해 지어졌다. 이는 노래이며 동시에 말씀이다. 이 노래의 전체 주제는 언약에 신실하신 하나님의 위엄이다.

1. 진실하신 하나님 (31:30~31:6)

하나님과 성도들은 언약으로 맺어진 아버지와 자녀의 관계이다. 이 땅에서 성도들이 가장 신뢰할 수 있고 믿을 수 있는 분은 오직 진실하고 거짓이 없으신 하나님이시다. 모세는 백성들에게 하나님의 교훈을 노래로 가르친다. 모세가 가르치는 교훈의 노래는 마치 하늘에서 내려오는 비와 이슬처럼 백성들에게 생명과 희망을 가져다준다. 모세는 노래를 통해 이스라엘 백성들에게 하나님에 대해 가르친다. 하나님은 백성들의 반석이시며 그분의 모든 행위는 완전하시다. 하나님의 모든 길은 정의롭고 진실하고 거짓이 없으시며 공의롭고 바르시다. 이와 같으신 하나님께서 이스라엘 백성들을 구원하시고 돌보셨으나 그들은 하나님께 대하여 악을 행하였고 반역으로 보답했다. 사실 하나님께서는 이스라엘 백성의 아버지시며 그들을 지은 창조자이시다. 하나님께서 이스라엘 민족을 만드셨고 세우신 분이시기에 백성들은 하나님의 은혜를 기억하고 그 분의 말씀에 순종하는 삶을 살아야 한다. 이스라엘 백성들은 하나님의 아름다움 때문에 하나님께로 돌이킬 수밖에 없다. 성도들은 하나님을 창조주와 아버지로 모시고 살아가는 자들이다. 진실하시고 정직하신 하나님을 예수 그리스도를 통해 바로 알고 섬기는 것이 신앙생활의 가장 중요한 부분임을 알아야 한다.

하나님을 아버지와 같이 가까이 모시고 경외하며 살아가는가? 하나님을 힘써 알고 그 분의 말씀에 순종하는 삶을 우선순위에 두는가?

2. 언약 백성을 보호하시는 하나님 (32:7~14)

모세는 백성들에게 과거 역사를 기억하라고 하면서 의문이 있으면 어른들에게 물어보라고 한다. 왜냐하면 조상들은 이스라엘 백성들을 향한 하나님의 행적을 보았고 경험했기 때문이다. 하나님께서는 민족들의 지경을 정하시고 인종을 나누셨고 많은 민족들 가운데 이스라엘 백성들을 자신의 기업으로 택하셨다. 또한 그들을 광야에서 인도하시고 보호하시며 자기의 눈동자 같이 지키셨다. 독수리처럼 자신의 백성을 홀로 업고 광야를 통과하였으며 그들에게 필요한 모든 양식을 주셨다(출 19:4; 신 1:31). 백성들의 삶에 필요한 모든 것들을 초자연적인 능력으로 공급하셨고 돌보셨다. 성도들은 예수 그리스도의 은혜로 택함을 받은 하나님의 백성이다. 하나님께서 광야 같은 세상을 살아가는 성도들을 구원하시고 인도하시고 돌보신다. 성도들은 하나님의 기업이며 하나님께서 눈동자와 같이 항상 지키신다. 하나님께서는 성도들을 항상 인도하시며 그들의 필요를 그리스도 예수 안에서 늘 공급하신다. 성도들은 이와 같은 하나님의 은혜를 잊지 말고 그 분을 늘 가까이하여 경외하고 그 분만을 왕으로 섬겨야 한다.

나를 자신의 눈동자와 같이 지키시며 보호하시는 하나님을 늘 기억하며 감사하는가? 광야 같은 세상에서 나의 모든 필요를 공급하시는 하나님을 의지하는가?

3. 하나님을 배반하는 백성들 (32:15~27)

(1) 타락으로 이끈 부유함 (32:15~21)

하나님께서 베푸신 풍성한 복이 올무가 되지 않도록 늘 주의해야 한다. 하나님 자신보다 그분이 허락하신 복에 더 관심을 갖고 추구할 때 영적인 타락을 불러올 수 있다. 하나님께서 이스라엘 백성들을 위해 가나안 땅의 풍성함을 허락하셨다. 그러나 백성들이 살찌고 윤택하자 하나님을 버리고 업신여기게 되었다. 백성들은 하나님이 아닌 다른 신들을 섬기며 하나님의 질투를 유발하였고 그들을 창조하신 하나님을 잊어버렸다. 이스라엘 백성들의 존재의 근원이신 하나님에게는 관심도 없고 이 세상의 풍요로움과 거짓 우상을 따라가며 점점 타락과 배교의 길로 들어서게 되었다. 이와 같은 행위는 결국 하나님의 진노와 시기심을 격동하였고 하나님께서 백성들에게 자신의 얼굴을 가리시게 하였다. 하나님께서는 자신이 그렇게 사랑하는 백성들이 우상과 이방신을 섬기는 행위에 대하여 분노하신다. 성도들은 풍요롭고 삶이 윤택해질 때 영적인 긴장을 풀지 말고 더욱 더 하나님을 사랑하고 충성해야 한다.

하나님 보다 하나님께서 베풀어 주신 복을 더 사랑하고 있지는 않는가? 하나님의 질투를 일으킬만한 삶의 우상은 없는가?

(2) 하나님의 분노 (32:22~27)

풍요로움에 빠져 하나님을 배반하고 다른 우상을 섬기는 이스라엘 백성들을 향하여 하나님의 분노의 불이 일어난다. 그 불은 스올의 깊은 곳과 땅과 그 소산을 삼키며 모든 산림을 불사르는 불이다(암 2:2, 5; 5:6; 7:4, 5). 하나님의 재앙은 하나님을 배반한 백성들의 머리 위에 점점 쌓이게 되며 백성들은 각종 질병과 재난에 고통을 당할 것이다. 밖으로는 전쟁의 칼과 안으로는 각종 놀랄만한 일들이 일어나 남녀노소를 막론하고 모두 멸망할 것이다. 하나님께서는 영적으로 타락하고 배반한 백성들을 사방으로 흩어서 사람들의 기억에서 사라지게 하실 것이다. 하나님께서는 자신의 사랑하고 순종하는 백성들에게는 무한한 복을 내리시지만 배반하고 불순종하는 자들에게는 무서운 징벌을 내리실 것이다. 하나님께서 불순종하는 이스라엘 백성들을 원수들의 손에 넘기실 때 원수들이 마치 자신의 힘이 강하여 이스라엘 백성들을 이기게 되었다는 오해를 할까 염려하신다. 그래서 완전히 멸절시키지는 않으신다. 모세의 노래는 신명기 28장을 요약한 성격을 지니고 있다. 성도들은 하나님의 인격을 바로 알아야 한다. 하나님께서는 자신의 백성들을 너무도 사랑하시어 독생자 예수 그리스도를 아낌없이 주셨다. 그런데 성도들이 하나님과 그의 아들 예수 그리스도보다 이 세상을 더 사랑한다면 하나님의 분노를 촉발하게 하는 것이다.

공의의 하나님을 경외하는가? 우리 민족이 물질의 풍요로움 가운데 하나님을 배반하지 않고 떠나지 않도록 기도하는가?

4. 하나님의 공의와 자비 (32:28~43)

(1) 영적 분별력 (32:28~35)

성도들은 모든 일에 분별력을 가지고 행동해야 한다. 자신이 무슨 행동을 하든지 그 결과를 지혜로 예측하고 분별해야 한다. 만일 이스라엘 백성들이 분별력이 있고 지혜를 가졌더라면 자기들의 행동의 종말을 알고 주의를 기울였을 것이다. 그들이 하나님을 경외하는 지혜를 가지고 있었더라면 하나님을 배반하지 않았을 것이다. 그러나 그들이 반역했기에 그들의 반석이신 하나님께서 그들을 원수의 손에 내어 주셨다. 이스라엘 백성들의 죄악은 심각했다. 그들의 포도나무는 소돔의 포도나무요 고모라의 밭의 소산이었다. 한마디로 음란과 방탕한 열매를 맺는 백성들이다. 백성들은 죄악을 점점 쌓아가고 있었고 하나님께서는 이 모든 악행을 보고 계셨다. 하나님의 심판의 날이 백성들에게 점점 다가오고 있다. 백성들이 죄악을 범할 때 하나님께서는 당장 심판하시지는 않았으나 하나님의 창고에 백성들의 죄악은 점점 쌓여가고 있다. 하나님께서 정하신 때에 심판의 문은 열리게 된다. 성도들은 하나님의 징벌이 즉시 임하지 않는다고 지속적으로 죄를 범하지 말아야 한다. 늘 영적인 분별력과 지각을 가지고 자신의 행위의 결말을 분별해 보아야 한다.

영적 분별력과 지혜를 가지고 매사에 신중하게 행동하는가? 하나님의 심판이 즉시 임하지 않는다고 지속적으로 죄를 범하고 있지는 않는가?

(2) 하나님의 긍휼 (32:36~43)

하나님께서는 불순종하는 백성들을 심판하시나 또한 긍휼과 자비로 회복시키시는 분이시다. 하나님께서는 고통과 환란 가운데 있는 성도들의 피난처가 되어 주신다. 하나님께서는 고통가운데 소망 없이 지내는 자기 백성을 판단하시고 불쌍히 여기신다. 그들이 무력감에 빠져있고 도울 자들이 없는 마지막 순간에 그들에게 피난처가 되어주시고 돕는 자들을 붙여 주신다. 이 과정을 통하여 백성들은 하나님을 바로 알게 된다. 하나님께서는 죽이기도 하시며 살리기도 하시고 상하게도 하시며 치유도 하시는 분이시다. 그 누구도 하나님의 능하신 손에서 그의 백성을 빼앗을 자가 없다. 하나님께서는 자신의 백성들을 압제한 대적들에게 보응하시며 자기 백성들을 속량하실 것이다. 성도들이 죄를 범하여 하나님의 책망을 들을 때 오히려 감사해야 한다. 왜냐하면 하나님께서는 사랑하는 자들을 징계하시기 때문이다. 하나님의 손에서 징계를 받는 것은 오히려 은혜다. 성도들이 죄를 범하여 징계를 받는다면 하나님의 자비와 긍휼에 호소하며 회개로 하나님께 나아가야 한다(암 7:1-6, 요일 1:9).

죄를 범해도 예수 그리스도의 은혜로 불쌍히 여기시는 하나님의 긍휼 앞에 나아가는가? 내 삶의 절대 주권자이신 영원한 하나님을 경외하는가?

5. 자녀들에게 말씀을 가르치라 (32:44~47)

성도들은 하나님의 말씀을 자녀들에게 전수해야 한다. 그리고 이것을 생명처럼 여겨야 한다. 모세와 여호수아(호세아)가 노래의 모든 말씀을 백성에게 들려준 후 백성들에게 마지막 명령을 남긴다. 그는 자신의 사명의 마지막 기로에서 가장 중요한 권면을 백성들에게 하고 있다. 모세는 백성들에게 하나님의 말씀을 마음에 두고 자녀들에게 말씀을 가르쳐 지켜 행하게 하라고 명령한다. 하나님의 말씀을 마음에 두고 자녀들에게 가르치는 일은 결코 헛된 것이 아니다. 이일은 생명을 심는 일이며 이스라엘 백성들이 가나안 땅에 들어가 하나님의 복을 누리는 길이다. 모세는 일평생을 통하여 하나님의 말씀이 얼마나 소중한 지를 가슴 속 깊이 깨닫고 있었다. 하나님을 가까이 하는 것은 하나님의 말씀을 가까이하는 것이다. 생명의 말씀을 떠나면 하나님을 멀리하는 것이다. 백성들을 향한 모세의 마지막 명령도 하나님의 말씀에 관한 것이었다. 성도들은 하나님의 말씀인 성경을 사랑하고 읽고 묵상하고 지켜 순종해야 할 뿐만 아니라 또한 자녀들에게 부지런히 가르쳐야 한다.

이 세상 학문보다 하나님의 말씀인 성경을 더 귀하게 생각하고 자녀들에게 가르치는가? 자녀들에게 하나님의 말씀을 어떻게 가르치고 전수하고 있는가?

C. 모세 사명의 한계 (32:48~52)

하나님께서는 모세에게 느보 산에 올라가 이스라엘 자손에게 기업으로 주는 가나안 땅을 바라보라고 하신다. 아론이 호르 산에서 죽어 그의 조상에게로 돌아간 것 같이 모세도 느보 산에서 죽어 그의 조상에게로 돌아갈 것이라고 말씀하신다. 모세가 가나안 땅에 들어가지 못하고 죽는 이유는 가데스의 므리바 물가에서 이스라엘 자손이 보는 중에 하나님께 범죄하여 하나님의 거룩함을 드러내지 못했기 때문이다. 모세가 순간의 혈기와 분노를 참지 못하고 한 행동으로 인하여 그는 하나님의 징계를 받게 된다. 모세는 느보 산에서 가나안 땅을 바라보기는 했다. 그러나 그리로 들어가지는 못할 것이라는 하나님의 판결 앞에 자신의 사명을 마감해야 했다. 하나님과 백성 앞에 범한 죄가 그의 사명의 한계를 긋게 했다. 하나님은 차별하지 않으셨다. 심지어 하나님의 사람 모세라도 말씀에 불순종했기에 그 결과를 맞이해야 했다. 성도들은 하나님의 일을 감당할 때 자신의 생각과 감정에 따라 하지 말아야 한다. 오직 하나님의 선한 뜻을 따라 겸손하게 사명을 감당할 때 하나님께서는 더 큰 일을 맡겨 주실 것이다.

하나님께서 맡겨주신 일을 겸손과 두려움으로 감당하고 있는가? 가족과 이웃들 앞에서 하나님의 거룩함을 드러내고 있는가?

D. 모세의 축복 (33:1~29)

1. 서언: 백성을 사랑하시는 하나님 (33:1~5)

창조주 하나님께서는 자신의 백성을 사랑하시기에 그들에게 임하시고 자신을 계시하신다. 하나님의 자기 계시는 하나님의 말씀을 통해서 나타난다. 1절은 모세를 하나님의 사람이라고 일컫고 있다(수 14:6;시90). 모세는 하나님의 사명에 충실했고 하나님의 말씀을 백성들에게 신실하게 전한 선지자였다. 모세는 죽기 전에 이스라엘 백성들을 위하여 믿음으로 축복한다. 그는 먼저 이스라엘 백성을 사랑하시는 하나님에 대해 소개한다. 하나님께서는 이스라엘 백성의 역사의 모든 여정 가운데 그들과 함께 하셨다.[59] 무엇보다 하나님께서는 시내 산에서 일만 성도들에게 율법을 주셨다. 하나님께서 이스라엘 백성들을 사랑하신 증거로 그들에게 율법을 주셨다. 따라서 야곱 총회 즉 온 이스라엘 백성들의 가장 소중한 기업은 하나님의 율법이었다. 여수룬(이스라엘)의 왕이신 하나님께서 모든 이스라엘 백성들이 모인 시내산에서 율법을 수여하셨고 하나님께서는 율법으로 이스라엘 백성들을 다스리시는 왕이 되길 원하셨다. 성도들은 예수 그리스도의 은

---

59) 2절은 여호와께서 '시내 산에서 오시고, 세일 산에서 일어나시고, 바란 산에서 비추시고' 에서 하나님께서는 자신을 계시하셨다고 언급한다(민 10:12; 13:3, 26; 20:14; 21:4; 신 1:19; 2:4). 오시고(בא), 일어나시고(זרח), 비추시고(הופיע)는 모두 하나님의 영광스런 신현과 위엄한 능력을 나타내는 용어들이다. 참조. Merrill, *Deuteronomy*, 434.

혜로 택함을 받은 하나님의 거룩한 백성이며 하나님의 특별한 사랑을 받고 있는 존재이다. 성도들의 모든 삶은 하나님의 수중에 있다. 하나님께서 성도들에게 주신 가장 소중한 유산은 하나님의 말씀인 성경이다. 왕이신 하나님께서는 성경에 자신의 뜻을 다 기록하셨고 말씀을 통하여 성도들을 다스리시길 원하신다.

하나님을 모든 삶의 왕으로 모시고 말씀의 지배와 인도를 받고 살아가는가? 하나님의 말씀을 가정의 가장 귀중한 유산으로 여기며 전수하는가? 나를 사랑하시고 특별한 은혜로 돌보시는 하나님께 감사드리는가?

2. 르우벤, 유다, 레위 지파에 대한 축복 (33:6~11)

모세는 르우벤과 유다 족속을 축복한다. 르우벤은 장자이지만 아버지의 침상을 더럽힌 죄로 인하여 단지 종족 보존의 복만 받는다(창 35:22). 모세는 유다가 앞으로 싸우게 될 때 하나님께서 그를 도와주시고 그의 대적을 물리쳐 달라고 기도한다. 유다의 축복은 이스라엘의 왕권에 관한 것이다. 창세기49:5-12에서 야곱은 레위와 시므온 지파를 함께 합쳐 유언했지만 모세는 레위 지파에 대해서만 축복을 말한다. 레위 지파는 우림과 둠빔을 포함한 성물을 다루는 자들이다. 레위인들은 부모를 보지 못했고 형제들을 인정하지 아니하고 자녀를 알지 못한다고 말한다. 왜냐하면 하나님의 말씀을 준행하기 위해 그의 가족과 친족들을 향한 연민마저도 버렸기 때문입니다(출 32:26-29). 레위인들은 하나님의 율법을 백성들에게 가르치는 것과 주 앞에 분향하고 온전한 번제를 드리는 일을 감당했다. 모세는 이러한 일을 감당하는 레위인들을 위해 풍족한 재산을 하나님께 구하고 그들의 수고를 받아달라고 간구한다. 또한 그들을 대적하는 자들을 물리쳐 달라고 기도한다. 성도들은 예수님을 따르는 제자가 되기 위해 그의 부모와 자녀와 형제와 자매까지도 버리는 결단과 각오가 있어야 한다(마 10:37; 19:29; 눅 14:26). 가족이나 친족을 예수 그리스도의 복음 보다 더 사랑하는 자들은 하나님 나라에 합당하지 않다고 주님은 말씀한다.

하나님의 말씀을 준행하기 위해 어떤 희생과 헌신을 감수하는가? 하나님의 영적 제사장으로 하나님의 말씀을 전파하고 기도하는 일에 힘쓰는가?

3. 베냐민과 요셉 지파에 대한 축복 (33:13~17)

베냐민 지파에 대한 하나님의 각별한 사랑을 볼 수 있다(12절). 여호와의 사랑을 입은 베냐민 지파는 그 분 곁에 안전히 살 것이다. 하나님께서 베냐민 지파를 일평생 보호하시고 그를 자신의 어깨 사이 즉 가슴에 품으실 것임을 약속한다. 하나님께서 부모의 사랑으로 베냐민 지파를 지키시고 마치 목자가 어린 양을 가슴에 안고 보호하며 음식을 먹이는 것 같이 베냐민 지파를 보호하실 것이다. 하나님의 사랑을 입고 그분을 기쁘시게 하는 성도들을 하나님께서 지키시고 보호하신다. 따라서 성도들은 하나님의 자비 안에 거하면서 기쁨을 누리는 특권을 가지고 있다. 모세는 또한 요셉 지파에 대한 축복을 말한다(13-17절). 모든 형제들 가운데 구별된 자인 요셉에게 땅의 풍성한 복을 빌어준다. 팔레스틴 지역은 물이 아주 귀한 곳이다. 모세는 요셉 지파의 땅이 복을 받아 하늘의 보물인 이슬과 땅 아래에 저장한 물이 풍성하기를 간구한다. 태양 빛이 요셉 지파의 땅에 항상 비추어 농작물이 풍성하게 결실하고 온갖 좋은 산물이 그 곳에 가득하기를 기원한다. 요셉을 축복하시는 분은 호렙산 가시나무 떨기에서 나타나신 하나님이시다(16절). 모세를 부르시고 그와 함께 하신 하나님의 은혜가 요셉 지파 위에 있기를 간구한다. 요셉 지파는 첫 수송아지 같이 위엄이 있으며 그의 자손들은 온 땅에 가득할 것이다. 성도들은 모든 복이 하늘에 계신 하나님께로부터 나온다는 사실을 믿고 그 은혜를 간구해야 한다. 하나님께서는 모든 좋은 것과 복의 근원이시다. 하늘과 땅과 온 우주 만물을 창조하신 하나님께서 복을 주시고 돌보셔야 인생들은 살아갈 수 있다.

나는 그리스도 안에서 하나님의 사랑을 입은 백성임을 확신하는가? 이 땅의 복의 주인이신 하나님께 나아가 그 분의 은혜를 간구하는가? 나의 필요를 채우시는 하나님의 예비된 축복을 믿음으로 바라보는가?

4. 스불론, 잇사갈, 갓 지파에 대한 축복 (33:18~21)

스불론은 밖으로 나감을 기뻐하라고 한다. 이는 장차 스불론 지파가 해변 지경까지 그들의 영역을 넓혀 나가 무역활동에도 참여할 것임을 예언한 것이다. 스불론 지파는 해변에 거주하면서 바다의 풍부한 것을 누리게 될 것이다(창49:13). 잇사갈은 장막에 있음을 즐거워하라고 하면서 이들은 장차 농경생활의 복을 누릴 것임을 말한다. 스불론과 잇사갈 지파는 주변 백성들을 불러 다볼 산에 이르게 하고 그곳에서 하나님께 바른 예배를 드리게 될 것이다. 성도들은 주변의 이웃들에게 복음을 전하고 그들과 함께 하나님을 예배하는 자리에 나아올 수 있도록 해야 한다. 하나님께서는 또한 갓 지파를 광대하게 하셨다. 갓 지파는 르우벤과 므낫세 반 지파와 함께 요단을 건너기 전에 미리 모세를 통하여 땅을 기업으로 분배받은 지파이다. 갓 지파는 팔과 정수리를 찢는 용맹스런 암사자에 비유되었다. 그는 법을 세운자인 모세를 통하여 직접 땅을 분배받은 족속이다. 갓은 자신을 위하여 좋은 땅을 먼저 기업으로 택하였고 그 조건으로 가나안 정복 전쟁에서 선두에 서서 싸울 것이라는 예언이다. 이를 통해 여호와의 공의와 이스라엘과 세우신 법도를 잘 행하였다.[60] 하나님께서는 갓 지파를 강하고 크게 하셨다. 하나님께서는 각 사람의 믿음의 분량대로 축복하신다. 성도들은 하나님께서 각자에게 맡겨주신 사명을 성실히 감당하여 자신의 분복을 누려야 한다.

이웃들에게 복음을 전하고 그들과 함께 예배에 참석하기 위해 어떠한 섬김의 삶을 살아가는가? 하나님께서 내 인생을 크게 하시고 강하게 하심을 믿고 담대하게 나아가는가?

---

60) 덕 매켄토시, 『Main Idea로 푸는 신명기』 (서울: 디모데, 2007), 534.

5. 단과 납달리 지파의 축복 (33:22~23)

단 지파는 바산에서 뛰어나오는 사자의 새끼로 비유하고 있다. 즉 전쟁에서 단지파의 용맹성을 예언하고 있다. 훗날에 사사인 삼손은 단 지파 출신이다. 모세는 또한 납달리 지파를 은혜가 풍성하고 여호와의 복이 가득한 지파라고 일컫고 있다. 모세의 예언대로 납달리 지파는 가나안 땅에서 갈릴리 호수 지역의 비옥한 땅을 기업으로 차지하게 되었다. 무엇보다 신약에 와서 이 지역은 예수 그리스도의 생활과 사역의 주된 무대가 되었다. 하나님께서는 자신의 백성들에게 풍성한 은혜와 차고 넘치는 복을 약속하신다. 이스라엘 각 지파들에게 장차 놀라운 축복을 예비하셨듯이 성도들에게도 하늘의 신령한 축복과 땅의 기름신 복을 예비해 두셨나. 그러므로 성도들은 예수 그리스도 안에서 하나님의 말씀에 순종하는 삶과 믿음을 통하여 예비하신 하나님의 복을 누려야 한다.

예수 그리스도 안에 감추어진 하나님의 풍성한 은혜와 복을 누리고 있는가? 여호와 이레의 하나님께서 모든 복을 예비하시고 계심을 믿는가?

6. 아셀 지파와 온 이스라엘의 축복 (33:24~29)

아셀 지파는 여러 아들들가운데 더 복을 받고 형제들의 기쁨이 되며 번성하는 복을 받을 것이라고 예언한다. 아셀 지파는 강성하게 될 것이며 하나님의 보호하심의 복을 누리게 될 것이다. 성도들은 아셀 지파처럼 이 땅을 살아가면서 이웃들에게 복의 통로가 되어야 한다. 이웃과 형제들에게 기쁨이 되며 예수 그리스도의 풍성한 생명을 함께 나누는 통로가 되어야 한다. 모세는 각 지파에 대한 축복을 선포한 후에 온 이스라엘에 임한 하나님의 은혜를 말한다. 하나님께서는 여수룬(이스라엘)을 도우시고 복을 주시려고 하늘에서 그 위엄을 나타내시는 분이시다. 하나님께서 이스라엘의 처소가 되시며 그들의 대적을 쫓아내어 멸하시는 분이다. 하나님의 특별한 사랑과 보호하심의 은혜로 이스라엘은 안전히 거하며 풍성한 복을 누리게 된다. 이와 같은 하나님의 은혜를 입은 이스라엘은 참으로 행복한 백성이다. 예수 그리스도의 은혜로 부름 받은 성도들은 하나님의 도우심과 보호하심을 받고 있다. 성도의 진정한 행복은 하나님의 사랑과 은혜를 받는 삶에 있다는 사실을 기억해야 한다.

나의 삶이 이웃과 가족들에게 복과 기쁨의 통로가 되고 있는가? 예수 그리스도의 은혜로 구원받은 하나님의 백성의 행복을 누리며 감사하고 있는가?

E. 모세의 죽음 (34:1~12)

1. 모압 땅에 묻힌 모세 (34:1~8)

하나님의 종의 사명의 시작과 끝은 하나님의 주권적 결정에 달려 있다. 사명자들은 주님이 말씀하시면 나아가고 주님이 말씀하시면 멈추는 순종의 자세가 필요하다. 모세는 모압 평지에서 느보 산에 올라가 여리고 맞은편 비스가 산꼭대기에 섰다. 하나님께서 모세에게 가나안 땅을 보이시면서 족장들에게 약속한 이 땅을 눈으로는 볼 수 있으나 들어가지는 못할 것이라고 말씀하신다.[61)]

결국 모세는 하나님의 말씀대로 모압 땅에서 죽어 자신의 사명을 마무리하게 된다. 모세가 죽을 때 그의 나이가 백이십 세였으나 그의 눈이 흐리지 아니하였고 기력이 약해지지 않았다. 모세는 사명을 더 감당할 힘이 있었으나 하나님께서 정하신 한계 안에서만 하나님의 일을 감당할 수 있었다. 결국 모세는 모압 땅에 있는 골짜기에 장사되었고 그의 무덤은 누구도 찾을 수 없도록 그 자취를 감추게 되었다. 이는 모세를 위해서 다행한 일이다. 모세 무덤의 위치를 알 수 없으

---

61) 신1:37-38도 모세가 그 땅에 들어가지 못할 것과 여호수아를 모세의 후계자로 삼을 것을 말씀하고 있다. 모세가 가나안 땅을 들어가지 못한다는 주제는 신명기의 처음 장(1:37-38)과 마지막 장(34:4-9)에 나타나면서 수미쌍괄식 구조(*inclusio*)를 형성하고 있다. 모세는 이스라엘 백성들에게 하나님의 율법의 중재자로 섬겼다. 그러나 그의 역할은 단지 한 시대에 율법의 수종자로 일한 것이다. 새로운 시대는 여호수아를 율법의 수종자로 다시 세운다. 시대는 변하고 율법의 수종자도 변하지만 하나님의 율법의 통치는 지속된다.

니 그곳을 신성화 할 수 없었고 모세가 우상화되지 않을 수 있었다. 그의 아름다운 삶은 여러 시대의 성도들의 마음속에 남아 있게 된다. 모세의 죽음은 아쉽지만 그는 자신의 사명에 충성을 다하였고 하나님의 뜻을 따라 백성들을 섬긴 신실한 하나님의 사람이었다. 성도들의 삶의 시작과 마무리는 하나님의 능하신 손에 달려 있다. 모세와 같이 하나님의 사명에 충성된 삶을 살다가 아름답게 인생을 마무리 하는 성도가 되어야 한다.

하나님께서 허락하신 사명의 한계를 바로 알고 하나님의 뜻을 따라 감당하는가? 인생의 마지막 순간을 하나님 앞에 어떻게 장식하길 원하는가?

2. 여호수아와 모세 (34:9~12)

하나님께서는 자신의 일을 위해 항상 사람을 준비시킨다. 하나님께서 쓰시는 사람은 지혜와 성령이 충만한 자이다. 모세는 사명의 후계자인 여호수아에게 안수하였다. 여호수아는 하나님의 지혜의 영이 충만한 자였으며 모세의 수종자였다. 이스라엘 자손들은 모세를 대신하여 여호수아의 말에 순종하였다. 신명기 저자는 모세에 대해 다음과 같이 평가한다. 모세의 죽음 이후 이스라엘에는 모세와 같은 선지자가 일어나지 못하였고 그는 하나님의 친구였고 하나님과 독대한 자였다. 하나님께서는 이 같은 모세를 통하여 수많은 이적과 기사를 행하였고 이스라엘 백성들을 애굽 땅에서 인도하였다. 모세는 이스라엘 역사에서 전무후무한 자였다. 하나님께서는 자신과 친밀하게 교제하며 가까이하는 성도를 통하여 하나님의 일을 이루신다. 그러므로 성도들은 늘 성령의 충만함을 받아야 하며 하나님을 아는 일에 힘써야 한다.

날마다 성령과 지혜가 충만한 삶을 간구하며 사모하는가? 하나님과 친밀한 교제를 가지면서 하나님의 일들을 감당하는가?

부 록

신명기 4:32-40에 나타난 하나님, 백성, 그리고 땅

- 이사야 40-66에 나타난 신학적 주제와의 상관성 -

들어가는 말

신명기에 나타난 땅이란 주제는 그 기저에 흐르는 광범위하며 핵심적인 주제들 가운데 하나일 것이다. 왜냐하면 40년 동안의 광야 생활을 마칠 무렵 모압 평지에서 바라본 가나안 땅은 과거 하나님의 약속과 그 약속의 성취를 눈앞에 둔 하나님과 이스라엘 백성들의 지대한 관심의 대상이기 때문이다. 그러나 신명기는 결코 지형적인 땅 그 자체에만 초점을 맞추지 않는다. 땅이란 주제는 신명기 안에서 하나님의 구원사역과 인격, 언약 백성들의 윤리적 책임과 같은 주제들과 함께 역동적으로 엮어져서 전개된다. 이와 같은 신명기의 신학적 주제들은 또한 땅을 상실한 바벨론 포로기 백성들이 본토로 귀환 할 것을 예언한 이사야 40-66장 안에서도 비슷한 패턴을 보이며 나타난다. 비록 역사적 시점 (time and date)은 다르지만 비슷한 역사적 정황 (historical

---

1) 이 논문은 「교회와 문화」(2009년 봄)에 기고되었던 글이다.

context) 가운데 있는 백성들을 향한 이사야의 예언의 메시지는 신명기에 나타난 하나님, 백성, 그리고 땅이란 신학적 주제들과 비슷한 상관성을 보이며 전개되고 있다. 따라서 본 소고는 신명기 4:32-40에 나타난 하나님, 백성, 그리고 땅의 상관관계를 연구하며 이 주제들이 이사야 40-66장에서 어떻게 다시 나타나는지에 대해 고찰하고자 한다. 마지막으로 이 주제들과 신약(특히 요한 계시록 21:1-8)과의 상관성을 간략하게 살펴봄으로 이러한 주제가 신약의 교회와 성도들에게 어떤 의미로 해석될 수 있는지에 대해 연구하고자 한다.

본 연구를 위해 다음과 같은 기본적인 방법론적인 고찰을 전제로 한다. 첫째, 신명기[2])와 이사야[3])의 저작연대는 구약학계에서 주된 논쟁의 대상이나 본 소고에서는 전통적인 연대와 저자의 관점을 따른다.

---

2) 19세기부터 벨하우젠 (J. Welhausen)을 비롯한 수많은 비평 학자들은 신명기가 요시아 종교 개혁의 시기인 약 BC 7세기 중엽에 기록되었다고 주장하였고 또한 폰 라트 (Gerhard von Rad)는 신명기가 유다의 지방 레위인들 가운데서 생겼다 BC 701년경에 완성되었다고 주장한다. 그러나 최근 고대 근동 아시아의 헷 족속 (Hittite)의 종주권 조약의 구조와 비교 연구를 통하여 신명기가 BC 2100-1700 경의 문서 형식을 따르고 있다는 것을 밝히고 있다. 참조. K. A. Kitchen, *On the Reliability of the Old Testament* (Grand Rapids: Michigan, 2003), 283-304; M. G. Kline, *The Structure of Biblical Authority*, 『성경의 권위와 구조』, 김의원 역 (서울: 크리스찬 다이제스트, 1994).

3) 19세기 둠 (B. Duhm)은 이사야서를 제 1 이사야(1-39장), 제 2 이사야(40-55장), 제 3 이사야(56-66장)으로 구분하여 서로 다른 시대 (BC 8, 6, 4)에 서로 다른 저자들의 작품이라고 주장하였다. 그러나 최근 둠의 가설은 이사야서에 대한 문학적, 정경적 연구를 통하여 점점 그 기반을 잃어가고 있다. 참조. Christopher R. Seitz, *Zion's Final Destiny: The Development of the Book of Isaiah* (Minneapolis: Fortress, 1991); John N. Oswalt, *The Book of Isaiah: Chapters 1-39. New International Commentary of the Old Testament* (Grand Rapids: Eerdmans, 1986), 23-54.

신명기는 모세 생애의 말기인 약 BC 1600-1200 경의 저술이며 이사야서는 주전 8-7세기경의 작품임을 전제한다. 둘째, 성경의 서로 다른 두 본문 사이에서 반복되는 신학적 주제들은 거시적인 문맥 안에서 일정한 패턴을 창조하며 발전한다. 이를 통하여 성경의 내적 일관성을 드러낸다.[4] 따라서 본 소고는 신명기 4:32-40; 이사야 40-66장; 요한 계시록 21:1-8에 나타난 땅과 관련된 신학적 주제들의 상관성을 각각 살펴볼 것이다. 셋째, 과거의 한 역사적 상황 가운데 선포된 신학적 메시지는 새로운 시대의 역사적 상황 속에서 재적용할 수 있다. 이는 역사를 주관하시는 하나님의 구속사적 계획의 점진적인 계시와 무관하지 않다.[5] 따라서 땅과 관련된 신학적 주제들이 각 본문 안에서 어떻게 발전되었나를 성경 신학적 관점에서 살펴볼 것이다.

이와 같은 방법론적인 전제를 기억하며 본 소고의 첫 번째 단계인 신명기 4:32-40절에 나타난 하나님의 말씀과 구속사역, 언약 백성, 그리고 땅의 상관 관계를 살펴보기로 한다.

1. 신명기 4:32-40에 나타난 하나님, 백성, 그리고 땅

1.1 인접 문맥에서의 신명기 4:32-40의 위치

신명기 1-3장의 역사적 회고와 5-26장에 나타나는 모세의 율법 조

---

4) P. Joseph Cahill, "The Unity of the Bible," *Biblica* 65 (1984), 404-11.

5) VanGemeren, Willem A., *The Progress of Redemption: the Story of Salvation from Creation to the New Jerusalem* (Grand Rapids: Baker Books, 1995), 22-27; Geerhardus Vos, *Biblical Theology: Old and New Testaments*, 『성경 신학』 이승구 譯, (서울: 기독교 문서 선교회, 1993), 21-24.

항들 사이에 위치한 신명기 4장은 전환 역할을 하고 있다. 모세는 이스라엘의 광야 40년의 역사를 간략하게 회고한 후 신명기 4장에서 그 역사적 회고로부터 교훈을 제시하며 이스라엘 백성들이 현재와 미래에 어떻게 행해야 할 것인지에 대해 권고한다. 다음과 같은 근거는 신명기 4장의 전환적인 기능 (경첩 기능)에 대해 설명해준다. 첫째, 4:1절은 "이스라엘아 이제"(버아타 이스라엘, ועתה ישראל)로 시작한다. 이는 4장이 과거 사건에서 현재로 전환되는 위치에 있으며 4장에서 소개될 모세의 권고가 3장까지 언급된 역사적 회고에 근거를 두고 있음을 제시한다.[6] 둘째, 4장에 나타난 우상 숭배 금지에 대한 교훈과 율법에 대한 순종의 권고는 5장에서 더욱 더 발전된다. 5장은 4장에서 이미 소개된 호렙산(10, 15절), 십계명(13절) 등과 같은 단어들을 반복하여 사용하며 특히 십계명의 상세한 기술을 통해 백성들이 순종해야 할 언약 조항들을 소개한다. 더욱이 이러한 율법 조항들은 신명기 5-26장에 걸쳐 지속적으로 나타나고 있다. 따라서 신명기 4장은 인접 문맥 안에서 전환적 기능을 하고 있다. 그렇다면 신명기 4장 안에서 32-40절은 어떤 기능을 하는가? 신명기 4장의 모세의 설교(1-40절)는 서언(1-8절), 중심 단락(9-31절), 결언(32-40절)으로 구분되며 신명기 4:32-40은 신명기 4장의 결론적인 단락일 뿐만 아니라 모세의 권고의 절정을 이루는 단락이다.[7] 신명기 4:1-8은 하나님께서 기업으로

6) A.D.H. Mayes, "Deuteronomy 4 and the Literary Criticism of Deuteronomy," *JBL* 100 (1981), 23-51.

7) Patrick D. Miller, *Deuteronomy, Interpretation. A Bible Commentary for Teaching and Preaching*, 『신명기: 목회자와 설교자를 위한 주석』 김회권 譯 (서울: 한국 장로교 출판사, 2000), 104.

주시는 땅을 얻기 위해 율법에 순종해야 하며 이것이 곧 지혜라고 강조하며(1, 2, 5, 6절) 또한 하나님과 가까이 동행하는 삶이 언약 백성들의 큰 특권임을 역설한다(7, 8절). 신명기 4:9-31절은 반복적으로 율법에 대한 순종을 말씀하시면서(9-14절) 특별히 우상 숭배의 위험성에 대해 부각시키고 있다(15-31절). 신명기4:32-40절도 동일하게 땅을 기업으로 얻기 위해 율법에 대한 순종을 말하고 있으며(40절) 백성들이 율법에 순종해야 할 이유로서 땅을 선물로 주시는 하나님의 유일성과 구원사역에 대해 반복적으로 기술하고 있다(32-37, 39절). 무엇보다 1-8절과 32-40절 사이에는 하나님의 유일성, 언약 백성, 율법의 순종, 그리고 기업으로서의 땅이란 주제들로 서로 연결되어 있어 수미 쌍괄식 구조(*Inclusio*)를 이루며 이 주제들의 중요성을 다시 한 번 결론적으로 강조한다.

신명기 4장에서 결론적이며 절정을 이루는 32-40절의 위치와 기능을 기억하면서 이 본문에 나타난 하나님의 말씀과 구원 사역, 언약 백성, 그리고 땅의 주제들에 대해 좀더 자세하게 다루고자 한다.

1.2 하나님의 말씀과 구원 사역

신명기 4:32-40는 과거 이스라엘 백성들이 경험했던 유일하신 하나님을 두 가지 측면에서 반복적으로 소개한다: 하나님의 말씀 (호렙산 계시)과 구원 사역 (출애굽 사건). 하나님께서 호렙산에서 이스라엘 백성들에게 베푸신 계시와 출애굽 구원 사역을 수사학적 질문과 창조 언어 - 창조 (바라, **ברא**), 사람 (아담, **אדם**), 하늘 (샤마임, **שָׁמַיִם**) - 를 사용하여 제시하면서 백성들의 관심을 집중시키고 있다. 이를 통하여 하나님의 말씀과 구원 사역의 역사적 정황을 창조 시로부터 지금까지로 소개하면서 과거에 역사하신 하나님의 유일성을 부각시키고 있다.

1.2.1 하나님의 말씀 사역(호렙 산 율법 계시)

모세는 이스라엘 백성들이 불 가운데서 말씀하시는 하나님의 음성을 들었다는 역사적 사실을 33절과 36절에서 반복하여 언급한다. 이스라엘 백성들이 과거 호렙 산(또는 시내 산)에서 경험한 하나님을 상기시키기 위해 불 가운데서 말씀하시는 하나님이란 표현을 사용하고 있다(출 19:16-25; 20:18-21; 24:12-18). 이스라엘 백성들이 호렙 산에서 경험한 말씀하시는 하나님은 그들의 삶과 역사에 결정적인 영향을 미쳤으며 또한 신명기 전체를 구성하는 하나의 중요한 틀로 자리잡고 있는 것같이 보인다(신 1; 4; 5; 9:8; 18:16; 29:1).[8] 예를 들면, 신명기 1:6에서 모세는 호렙 산에서 하신 하나님의 말씀을 근거로 자신의 설교를 시작하고 있다. 신명기 4:10-24에서는 호렙 산의 경험을 상세하게 기술하고 여호와의 말씀 곧 십계명이 그의 언약임을 주지시키며 이스라엘 백성들을 권고하고 있다. 또한 5장에서도 여호와께서 현재의 이스라엘 백성을 위해 호렙 산에서 언약을 세우셨고 그 언약인 십계명의 조항을 구체적으로 소개한다. 9장에서는 호렙 산에서 금송아지 사건을 인하여 여호와의 노를 일으키고 모세가 십계명의 두 돌판

8) J. G. McConville, *Deuteronomy, Apollos Old Testament Commentary 5* (Downers Grove: InterVarsity Press, 2002), 107.

을 깨트린 사건을 소개하면서 불순종의 경고하고 있다. 신명기 18:15-22에서는 호렙 산에서 모세의 간구에 대한 응답으로 여호와께서 자신의 말씀을 전할 선지자를 세우실 것에 대한 약속을 언급하고 있다.

그렇다면 신명기 전체 신학에 중요한 기여를 하고 있는 이스라엘의 호렙산 경험을 반복적으로 언급하는 이유는 무엇일까? 첫째, 모세와 이스라엘 백성들의 경험의 독특성을 강조하기 위해서이다. 그 어떤 민족들도 하나님께서 불 가운데 말씀하시는 것을 직접 듣고 살아남은 백성들은 없었다(4:33). 오직 모세와 이스라엘 백성들만이 하나님의 음성을 들었고 그 임재를 경험했다. 즉 하나님의 임재는 하나님께서 말씀하시는 방식으로 이루어지며 이스라엘 백성들은 참되시고 유일하신 하나님의 계시의 수납자였다.[9] 둘째, 백성들이 그 어떤 형상도 만들지 못하게 하기 위함이었다. 신명기 4:9-31은 말씀과 형상의 강한 대조를 통하여 십계명 가운데 제 2계명의 순종을 강조한다. 특히 하나님이 불 가운데 말씀하셨을 때 백성들은 그 말씀만 듣고 형상은 보지 못했음을 언급하면서 어떤 형상이든지 우상을 만들지 말 것을 명령한다(12, 15-18절). 나아가 하나님의 임재의 방식으로 말씀을 선택하신 것은 하나님께서 택하신 곳에서 이스라엘 백성들이 드려야 할 예배에서도 우상을 멸하고 율법을 읽도록 하기 위함이었다(신 12:1-14; 31:9-14).[10] 셋째, 백성들을 교훈하고 가르치기 위해서였다. 신명기 4:36은 여호와께서 너를 교훈 하시려고(르야사르카, לְיַסְּרֶךָ, 피엘, 부정사

9) Eugene H. Merrill, *Deuteronomy*, The American Commentary, vol. 4. (America: Broadman & Holman Publisher, 1994), 130-31.

10) McConville, *Deuteronomy*, 115-16.

연계형) 하늘에서부터 그의 음성을 듣게(히쉬미야카, הִשְׁמִיעֲךָ, 히필, 완료형) 하셨다고 언급하므로 호렙 산 언약의 목적을 소개한다.[11] 즉 호렙 산 불 가운데서 말씀하시는 하나님에 대한 언급은 신명기 신학의 중요한 주제 가운데 하나인 하나님의 말씀에 대한 순종과 언약 백성의 책임에 대한 근본적인 신학적 배경과 이유를 제공한다.

1.2.2 하나님의 구원 사역: 출애굽

모세는 하나님의 비교할 수 없는 능력과 구원 사역을 제시하기 위해 과거 이스라엘 백성들의 출애굽 사건을 상기시킨다(34, 37절). 32절과 같이 34절에서도 반복적으로 수사학적 질문을 사용하여 청중들에게 하나님의 구원 사역을 설득하며 강조하고 있다(어떤 신이 … 인도하여 낸 일이 있느냐). 또한 34절에서는 출애굽기에 사용되었던 단어들을 다시 사용하여 출애굽 사건을 생생하게 전하고 있다. 이적(오트, אוֹת)과 기사(모페이트, מוֹפֵת)란 단어는 모세가 바로 앞에서 행한 하나님의 기적들을 가리킬 때 주로 사용되었다.[12] 마찬가지로 강한 손(야드 하자카, יד חזקה)과 편 팔(즈로아 느투야, זרוֹע נטוּיה)도 출애굽시 하나님께서 모세를 통해 역사하신 기적을 표현할 때 주로 사용되었다.[13] 출애

---

11) 히브리어 יסר라는 동사는 문맥에 따라 '가르치다' 또는 '책망하다'라는 의미로 사용될 수 있다. 신명기 4:36에서는 가르치다 (또는 교훈하다)라는 의미가 문맥에 맞는다 (욥 4:3; 잠 31:1; 시 16:7; 사 28:26). 참조. E. H. Merrill, יסר, NIDOTTE 2, 479-82; Merrill, *Deuteronomy*,132.

12) 이적(오트, אוֹת) - 출 3:12; 4:8,9,17,28,30; 7:3; 8:19; 10:1,2,12:13; 13:9, 16. 기사 (모페이트, מוֹפֵת)-출 4:21; 7:3,9; 11:9,10.

13) 강한 손 (야드 하자카,יד חזקה) (출 6:1,6; 15:16; 32:11)과 편 팔 (즈로아 느투야, זרוֹע נטוּיה) (출 6:6; 7:5, 19; 8:5, 6, 12, 17; 9:22, 23; 10:12,

굽 사건도 호렙산의 모세 언약과 함께 신명기 전체에 반복적으로 나타나며[14] 강한 손과 편 팔이란 표현은 출애굽의 사건이 나타나는 문맥에서 관용구처럼 사용되기도 한다(신 5:15; 7:19; 9:29; 11:2; 26:8). 또한 이스라엘의 출애굽 사건은 신명기뿐 아니라 선지서와 시편에서도 자주 등장한다. 즉 이스라엘이 경험한 출애굽 사건은 하나님의 구속 사역의 패러다임으로 오고 오는 시대에 지속적으로 적용된다. 그렇다면 모세가 제시한 출애굽 사건을 통해 백성들에게 의도한 신학적 의미는 무엇인가? 35절은 그에 대한 적절한 답을 주고 있다. "이것을 네게 나타내심은 여호와는 하나님이시요 그 외에는 다른 신이 없음을 네게 알게 하려 하심이니라." 39절도 이와 비슷한 내용을 반복적으로 소개하고 있으며 특히 39절에서는 '명심하고' (버하쉐이보타 엘 레바베카, וַהֲשֵׁבֹתָ֮ אֶל־לְבָבֶךָ)란 문구를 추가하여 하나님의 유일성을 더욱더 강조하고 있다. 신명기 4:35, 39절은 신명기 5:7에 소개될 십계명의 제 1 계명을 암시한다. 출애굽 시 이스라엘 백성들이 경험한 하나님의 탁월하신 구원 사역을 통해 이스라엘이 기억해야 할 것은 하나님의 유일성이다.

고대 이스라엘 백성들의 하나님에 대한 지식은 역사 속에 나타난 하나님의 계시와 그의 행동을 근거로 알 수 있었다.[15] 그러므로 모세

13, 21, 22; 14:16, 21, 26, 27; 15:12)

14) 신명기에 나타난 출애굽 사건 1:27,30; 4:20, 34, 37, 45, 46; 5:6; 6:12, 21, 22; 7:8, 15, 18; 8:14; 9:7, 12, 26; 10:19, 22; 11:3, 4, 10; 13:5, 10; 15:15; 16:1, 3, 6; 20:1; 23:4; 24:9; 25:17; 26:8; 29:1, 16, 15, 25; 34:11, 12.

15) Duane L. Christensen, *Deuteronomy 1-11*, Word Biblical Commentary 6A, (Dallas: Word Books, 1991), 94.

는 호렙 산에서 불 가운데 말씀하시는 하나님과 이스라엘을 바로의 손에서 건져 홍해를 가르시고 애굽에서 인도하신 하나님의 구원 사역을 반복적으로 강조하고 있다. 신명기에서 하나님의 말씀 사역과 그 분의 구원 행동은 항상 함께 나타나며 이 둘은 긴밀하게 연결되어 있다. 그렇다면 신명기 4:32-40은 하나님의 사역과 이스라엘 백성들과의 관계를 어떻게 규정하는가?

1.1 하나님의 언약 백성

하나님께서 이스라엘 백성들을 애굽에서 구원하신 것은 하나님과 백성들과의 언약관계를 통한 전적인 하나님의 은혜였다. 물론 신명기 4장은 전체적으로 모세 언약과 이스라엘 백성들에게 주로 초점을 맞추고 있으나 백성들의 구원의 근본은 아브라함 언약에 그 뿌리를 두고 있다. 신명기 4:37절에서 "여호와께서 네 조상들을 사랑하신 고로(아하브, אהב) 그 후손인 너를 택하시고(바이버하르, ויבחר)"란 표현은 이를 잘 설명해 주고 있다. 신명기 4:37에 나타나는 두 개의 신학적인 용어는 이스라엘 백성들과 하나님 사이의 언약관계를 잘 설명해 주고 있다: '사랑하다(아하브, אהב)', '택하다(바하르, בחר)'. '사랑하다(아하브, אהב)' 란 용어는 신명기에서 주로 하나님의 선택을 말하는 문맥에서 사용되었으며 하나님과 인간의 언약 관계의 기본을 나타내는 단어이다.[16] 또한 '선택하다(바하르, בחר)' 란 용어도 하나님께서 이스

16) P. J. J. S. Els, "אהב" *NIDOTTE 1*, 277-81; Wallis, "אהב," TDOT 1, 106. 호세아서도 하나님과 인간의 언약적 관계를 나타낼 때 bha 란 용어를 반복적으로 사용하고 있다 (호 3:1; 9:15; 11:1,4; 14:4).

라엘(또는 백성들 가운데 한 개인)을 여러 민족들 가운데 선택한 것을 표현하는 용어다.[17] 이스라엘은 선택 받은 민족으로서 다른 민족들과 구분되는 독특함을 가지고 있고 동시에 만방 가운데 하나님의 거룩함과 능력을 드러내는 모델로 기능한다. 이 두 단어(אהב, בחר)는 유의어로서 신명기 7:7-11; 10:15에서는 이 두 단어가 병치 배열(collocation)로 나타나면서 전개되고 있다.[18] 신 7:6-11에서 여호와께서 백성들을 택하신 이유를 설명할 때 이들의 수효가 많아서 택하신 것이 아니고 다만 하나님의 사랑과 족장들과 맺은 언약을 지키려고 택하셨다고 말씀하셨다. 신명기 10:15에서도 백성들의 조상을 기뻐하시고 사랑하셨기 때문에 오늘날 그 후손들을 택하셨다고 말씀하신다. 하나님께서 그들을 사랑하시기 때문에 그들을 먼저 택하시고 애굽에서 구원하셨다. 이들은 하나님께서 이미 언약을 맺으셨던 족장들의 자손이기에 하나님께서 그들과 맺은 언약을 기억하시고 현 이스라엘 백성들과 언약의 관계로 들어가셨다. 그러므로 우리는 신 4:32-40에 나타난 하나님과 이스라엘 백성들과의 관계성을 이해할 때 먼저 하나님의 은혜와 사랑과 택하심이 먼저라는 사실과 이러한 하나님께서 이스라엘을 애굽에서 구원하셨고 호렙산에서 그들에게 말씀하셨다는 사

---

17) Emile Nicole, "בחר," *NIDOTTE1*, 638-42. 비록 rxb란 용어가 사용되지 않았을지라도 선택이란 주제는 קרא, ידע, בדל, לקח와 같은 용어들로 그 개념이 표현되기도 한다. 선택은 하나님의 통치가 단지 이스라엘 민족에게만 국한된다는 의미가 아니고 이스라엘이 온 세상을 위한 하나님의 구속사적 계획의 틀 가운데 하나의 모델로 제시되는 개념이다. 또한 신명기에서 בחר란 용어는 하나님께서 택하신 중앙 성소를 언급하는 문맥에서도 자주 사용된다(신 12:18; 14:25; 15:20; 16:7,16; 17:8,10; 18:6; 31:11).

18) Merrill, *Deuteronomy*, 132.

실을 기억해야 한다.[19] 그렇다면 하나님께서 언약 백성들을 애굽에서 구원하신 목적은 무엇인가?

1.2 하나님의 선물인 땅: 기업으로서의 땅과 언약 백성의 책임

출애굽 구원 사역의 궁극적인 목적은 하나님께서 백성들에게 땅을 기업으로 주시기 위함이었다. 출애굽은 단지 출애굽 사건으로 끝나는 것이 아니고 가나안 땅의 정복과 소유로 그 최종 성취를 바라보게 된다. 신명기 4:38의 땅의 약속은 단지 물리적인 땅 그 자체에 있는 것이 아니고 이 땅이 하나님의 선물이며 땅의 주인이신 하나님께서 족장들과 맺으신 언약을 이루시기 위해 주시는 것임을 알 수 있다(창 12:1-3; 13:14-18; 15:18-21). 가나안 땅이 하나님의 선물이란 것은 38절에서 '주다(나탄, נתן)' 와 '기업(나할라, נחלה)' 이란 용어 속에 살 나타나며 이 두 용어는 신명기에서 병치 배열로 많이 사용되고 있다.[20] 이는 온 세상의 모든 땅의 궁극적인 소유주는 하나님이시며(레 25:23) 이스라엘 백성들은 단지 위임된 소유권을 가지 것을 의미한다. 하나님께서는 이스라엘 백성이 다른 백성들보다 의로워서 가나안 땅을 선물로 주시는 것은 아니시다. 선물로 주시는 이유는 가나안 땅 백성

---

19) Ibid.

20) 두 용어가 병치로 나타난 예는 다음과 같다. 신 4:21, 38; 12:9; 15:4; 19:10,14; 20:16; 21:23; 24:4; 25:19; 26:1; 29:7. 신명기에서 נחלה란 용어는 이스라엘 백성이 하나님의 기업 (신 4:20; 9:26), 하나님 자신이 백성의 기업 (신 10:9; 18:2; 32:9)임을 언급할 때도 사용되었다. 기업으로 준다는 의미는 소유권의 이전을 뜻한다. 다음을 참조하라. Elmer A. Martens, *A Focus on Old Testament Theology*, 『새로운 구약 신학: 하나님의 계획』 김의원 譯 (서울: 아카페 문화사, 1994), 325.

들이 악하기 때문이며 하나님께서 족장들과 맺은 언약을 이루시기 위함 이었다(신 9:1-6).

약속의 땅이 하나님의 선물임을 인식함에 있어서 반드시 수반되는 중요한 요소가 있다. 백성들이 땅을 소유하고 누리기 위해서는 하나님의 언약 백성으로서 책임을 감당해야 한다는 것이다. 이로 인하여 신명기 4:40는 여호와의 '규례(후까이브, חֻקָּיו)' 와 '명령(미초타이브, מִצְוֹתָיו)' 을 지키라고 백성들에게 명령하고 있다. 신명기 4:40은 신명기 4:1과 비슷한 표현과 주제의 반복으로 인하여 수미 쌍괄식 구조(*Inclusio*)을 이루며 하나님의 율법에 대한 순종을 언약 성취의 조건으로 제시하고 있다.[21] 여호와께서 명령하신 규례와 법도에 순종하여 살면 백성들은 약속의 땅에 들어가 복을 받아 오래 살 것이다(신8:1-6,11). 하나님께서는 백성들과 맺은 언약적 관계를 근거로 순종과 거룩한 삶을 요구하신다. 하나님의 선물로서의 땅과 언약 백성들의 하나님과 이웃에 대한 책임은 항상 역동적인 긴장관계 속에 함께 주어진다.

지금까지 살펴본 바와 같이 신명기 4:32-40에서는 하나님의 말씀과 구원 사역, 언약 백성들의 정체성, 그리고 하나님의 선물로서의 기업(땅)과 언약 백성들의 책임이 서로 밀접한 상호 관계성을 가지며 제시되고 있다. 그러면 이 주제들은 이사야서에서 어떻게 전개되고

---

21) 신 4:1, 8, 14에서는 여호와께서 명령하신 규례 (후킴, חֻקִּים)와 법도 (미쉬파팀, מִשְׁפָּטִים)라는 용어를 반복적으로 사용하여 백성들에게 순종을 명하였다. 이 두 단어는 신명기에서 자주 사용되는 관용구이며 호렙산에서 받은 십계명과 모세가 이스라엘 백성들에게 선포한 더 추가되는 율법과 해석, 모세의 설교들을 포함한다. 참조. McConville, *Deuteronomy*, 102-3.

있는가?

2. 이사야 40-66장에 나타난 하나님, 백성, 땅

신명기 4:32-40에 나타난 하나님의 구원 사역, 하나님의 언약 백성으로서의 이스라엘, 기업으로서의 땅이란 신학적 주제들은 이사야 40-66장에서도 반복적으로 주제의 패턴을 가지고 나타난다.

2.1 하나님의 사역

그 어떤 것과도 비교할 수 없는 하나님의 유일성과 사역을 표현하기 위해 이사야 40-55장에서 사용된 언어, 주제, 문학적 기법은 신명기 4:32-36과 상당한 유사성을 보인다. 이사야 선지자는 이사야 40-55장에서 바벨론 포로 상황이라는 새로운 역사적 정황 가운데 있는 백성들의 회복과 구원을 예언하고 있다.[22] 도울 힘이 없는 바벨론의 우상들과 대조하며 하나님의 회복과 구원 사역의 유일성을 설명하기 위해 신명기 4:32에 나타난 용어들을 사용하고 있다: 창조(바라, ברא), 사람(아담, אדם), 하늘(샤마임, שמים), 지나 간 날(또는 이전일)(리쇼님, ראשנים).[23] 또한 신명기 4:32에서 사용된 수사학적 질문은 이사야

22) John N. Oswalt, *The Book of Isaiah: Chapters 40-66. New International Commentary of the Old Testament* (Grand Rapids: Eerdmans, 1998), 3-9; Richard J. Coggins, "Do We Still Need Deutero-Isaiah?" JSOT 80 (1998): 72-92; B.S. Childs, *Isaiah* (Louisville: Westminster John Knox, 2001), 302-3. 비록 이사야 39:40-55장의 역사적 정황에 대한 본문의 증거는 미약하나 사 40-55장의 정경적 문맥이 이 바벨론 포로라는 상

40-55장에서도 자주 나타나는 문학적 기법으로 하나님의 유일성과 초월성을 강조하기 위해 주로 사용되었다(사 40:18,21,25,28; 42:19; 43:13; 53:1).[24)]

불 가운데서 말씀하시고 이스라엘 백성들에게 율법을 주신 하나님의 현현 장소인 호렙 산의 이미지는 이사야 2:1-4에서 시온 산의 이미지로 소개된다. 시내 산에서 이스라엘 백성들은 두려움 가운데 하나님의 음성을 들었고 모세는 백성들을 대표하여 율법을 받았다. 그러나 시온 산은 이스라엘 백성들뿐 아니라 만방의 백성들이 함께 모여드는 장소이며 이들은 하나님으로부터 율법의 가르침을 받고 그 길로 행하기 위해 여호와의 산인 시온 산에 오른다.

신명기 4:34, 37에서 모세가 제시한 과거 하나님의 구원 사역인 출애굽 사건은 새로운 역사적 정황 가운데 하나의 모형(type or pattern)으로 기능한다. 이스라엘 백성들을 애굽의 노예 생활에서 구원하신 하나님께서는 동일하게 바벨론 포로가운데 있는 이스라엘 백성들을 다시 구원하실 것이다(제 2 출애굽). 이사야 선지자는 출애굽 모티프를 사용하여 새로운 역사적 정황 가운데 바벨론 포로들을 향한 하

23) 창조 (바라, ברא): 사 40:26, 28; 41:20; 42:5; 43:1, 7, 15; 45:7, 8, 12, 18; 48:7; 54:16), 사람 (아담, אדם, 사 43:4; 44:11, 13, 15; 45:12; 47:3). 하늘 (샤마임, שמים): 사 40:12, 22; 42:5; 44:23, 24; 45:8, 12, 18; 47:13; 48:13; 49:13; 50:3; 51:6, 13, 16; 55:9, 10). 지나 간 날 (또는 이전일) (리쇼님, ~ynIvoari): 사 41:4, 22, 27; 42:9; 43:9, 18, 27; 44:6; 46:9; 48:3, 12; 52:4.

24) Y. Gitay, *Isaiah and His audience: The Structure and Meaning of Isaiah 1-12. Studia semitica neerlandica 30* (Assen: Van Gorcum, 1991), 88; J. C. Labuschagne, *The Incomparability of Yahweh in the Old Testament* (Leiden: Brill, 1966), 16-28.

나님의 구원사역을 재적용하고 있다.[25] 그러나 이사야서는 과거 하나님의 구원 사역을 초월하는 새로운 시대에 하나님의 새 구원 역사를 역설한다(사 43:14-21). 신명기에서는 출애굽 사건을 통하여 이스라엘 백성들에게 하나님의 유일성을 제시하였으며 이사야 40-55장에서는 제 2 출애굽 사건인 바벨론 포로에서 해방을 통하여 유일하신 하나님의 구원 사역을 선포하고 있다.

2.2 하나님의 언약 백성

신명기 4:37에서 언약 백성들의 정체성을 설명할 때 사용한 '사랑하다(아하브, בהa)' 와 '택하다(바하르, בחר)' 란 용어들은 이사야서에서도 하나님의 백성들을 언급할 때 사용하고 있다(사 41:8-9. 43:10, 20; 44:1-2; 45:4, cf. 사 14:1; 시 33:12). 그러나 이사야 40-55장은 좀 더 발전되고 확장된 개념을 추가하여 하나님의 언약 백성을 제시하고 있다. 이사야 41:8-9은 이스라엘 백성들에 대한 여러 수식어를 사용하면서 이들에 대한 하나님의 선택을 확증하고 있다. 이스라엘 백성들을 종,

25) 사 4:2-6; 11:11-16; 19:19-22; 41:17-20; 43:14-21; 48:20-22; 49:8-13; 51:9-11; 52:11-12; 63:7-19. 출애굽 모티프는 이사야서 전체에 나타나며 특히 이사야 40-66에서 포로 가운데 있는 백성들이 해방 되는 모습을 표현할 때 주로 사용되었다. 이사야서에 나타난 출애굽 모티프에 대한 학자들의 견해는 다음을 참조하라. B. W. Anderson, "Exodus Typology in Second Isaiah," in *Israel's Prophetic Heritage* (ed. B. W. Anderson and Walter Harrelson; New York: Harper & Row, 1962), 177-95; Erich Zenger, "The God of Exodus in the Message of the Prophets as Seen in Isaiah," in *Exodus-A Lasting Paradigm* (ed. Bas an Iersel and Anton Weiler; Edinburgh: T&T Clark, 1987), 23-33; David W. Pao, *Acts and the Isaianic New Exodus* (WUNT 2; Tuübingen: Mohr Siebeck, 2000).

하나님께서 택하신(버하르티카, בחרתיך) 야곱, 나의 친구(오하비, אהבי) 아브라함의 자손으로 소개하면서 이들에 대한 하나님의 특별한 사랑과 보호하심을 강조하고 있다(사 41:8). 특히 나의 친구(ybhao, אהב의 칼. 분사. 남성 단수. 1인칭 소유격)란 용어는 하나님의 택함이 그 어떤 율법적인 행위가 아닌 하나님의 사랑에 근거하고 있음을 암시하고 있다.[26] 하나님께서 이스라엘 백성들을 사랑하여 택하시고 땅 끝에서부터 이들을 불러 가나안 땅에 이르게 하셨던 것처럼 하나님께서 바벨론 포로 가운데 있는 백성들에게 다시 이와 같은 일을 하실 수 있을 것이다(사 41:9).[27]

하나님께서는 이스라엘 백성들을 창조하셨고 모태에서부터 조성하셨으며(사 44:1, 2) 자신의 택한 백성들을 위하여 고레스 왕을 불러 자신의 구원 사역의 대행자로 삼으셨다(45:1-7). 하나님의 종으로 택함을 받은 이스라엘 백성들은 하나님의 왕권, 능력, 구원의 증인으로 부름을 받았으나 그들의 실상은 소경이요 벙어리인 완고한 백성들이다(사 42:18-22; 43:8). 또한 이사야서의 독특한 점은 심지어 이방인과 고자들도 하나님을 사랑하고 그 분의 언약에 신실하게 반응하면 하나님의 언약 백성의 일원이 될 수 있다는 선언이다(56:1-8). 이처럼 이사야서 40-66장은 하나님의 주권적인 구원사역과 하나님의 택한 종으로서의 이스라엘 백성을 중요한 주제로 제시하고 있다.

---

26) Oswalt, *The Book of Isaiah: Chapters 40-66*, 90.
27) Ibid.

2.3 기업으로서의 땅과 백성의 책임

하나님께서 이스라엘 백성들을 애굽에서 구원하신 궁극적인 목적은 이스라엘 백성들에게 가나안 땅을 기업으로 주시는 것이며 이를 통하여 족장들과 맺은 언약을 성취하는 것이다(출 2:24, 25; 3:16, 17). 마찬 가지로 이사야 40-66장은 포로기 백성들을 향한 회복과 구원의 약속으로서 제 2 출애굽 모티프를 사용할 뿐 아니라 나아가 백성들이 기업을 회복할 것을 선포하고 있다. 그러나 이사야 40-66장에서 제시하는 기업의 의미는 신명기 4:38에서 말하는 땅으로서의 기업뿐 아니라 더 확장되고 발전된 기업의 의미를 소개한다. 이사야 49:8은 여호와의 종의 사명이 백성들로 하여금 황무하였던 땅(느할로트 쇼메이모트, נחלות שממות:)을 기업으로 상속하게 하는 것이라고 말하고 있으며 이사야 58:14에서는 야곱의 기업(나할라트 야곱, נחלת יעקב), 이사야 65:9은 나의 산들(하라이, הרי)을 기업으로 약속하고 있다. 그러나 이사야 54:11-17은 회복된 종말론적 새 예루살렘을 기업으로 약속하고 있으며 이사야 57:13에서도 하나님의 임재를 상징하는 거룩한 산(하르 카데쉬, הר־קדשי)을 기업으로 약속하고 있다.[28] 이처럼 하나님의 선물로서의 기업은 물리적 땅과 함께 하나님의 임재라는 의미가 추가되어 이사야 40-66장에서 발전되고 있다.

이사야 56-66장은 기업과 함께 그 기업을 상속할 자들의 책임에 대해서도 제시하고 있다. 신명기 4:40은 하나님께서 기업으로 주시는

28) 이사야 65:17-25에 나타난 종말론적 새 하늘과 새 땅도 궁극적으로는 신실한 하나님의 종들에게 기업으로 약속된다.

땅을 상속할 자들에게 여호와의 규례와 명령을 지키라고 권고하고 있으나 이사야 56:1에서는 의(체다카, צדקה)와 공의(미쉬파트, משׁפט)를 행하라고 명령하고 있다. 여호와의 이름을 사랑하고 그의 언약을 굳게 지키는 자들과(사 56:6) 오직 그 분을 의뢰하는 자들은 땅을 차지하고 거룩한 산을 기업으로 얻을 것임을 약속한다(사 57:13). 또한 이사야 58:1-14은 조건문을 사용하여 참된 금식을 실천하고 안식일을 준행하는 조건으로 회복과 기업을 약속한다. 또한 기업을 상속할 백성들의 중요한 자질중의 하나는 우상을 섬기지 않고 하나님의 말씀을 인하여 떠는 자들이다(사 65:1-12; 66:1-4). 이처럼 이사야서도 기업과 백성들의 책임은 서로 밀접하게 상관성을 맺으며 전개되고 있다. 위에서 살펴 본 바와 같이 신명기 4:32-40절에 나타난 하나님의 사역, 언약 백성,그리고 땅과 백성의 책임이라는 신학적 주제는 이사야 40-66장에서 좀 더 확장되어 발전하고 또한 비슷한 신학적 패턴을 보이며 다시 나타난다.[29] 즉 이사야 40-66장과 신명기 4:32-40 사이에는 여러 언어적 주제적 상호성(intertextuality)을 나타내고 있다.

우리는 지금까지 신명기 4:32-40에 나타난 하나님의 사역, 백성, 그리고 기업으로서의 땅이란 주제들과 이사야 40-66장의 상관관계를 살펴보았다. 그러면 마지막으로 이러한 신학적 주제가 신약에서는 어떻게 전개되는지 묻지 않을 수 없다.

---

29) 땅과 언약 백성들의 책임에 대해서는 다음을 참조하라. Christopher J. H. Wright, *Old Testament Ethics for the People of God* (Downers Grove: Intervarsity Press, 2004), 95-96.

3. 신명기 4:32-40과 요한 계시록 21:1-8

신명기 4:32-40에 나타난 하나님, 백성, 기업의 상관관계는 신약에서 그 궁극적인 성취를 바라보게 된다.[30] 특히 요한 계시록 21, 22장은 신명기 4:32-40에 나타난 신학적 주제들과 여러 상관관계를 나타내 보인다. 첫째, 하나님의 창조와 구속 사역은 만물을 새롭게 하시는 새 창조(새 하늘과 새 땅)와 하나님의 임재와 함께 성도의 모든 눈물을 씻겨 주시는 종말론적 구원에서 그 성취를 보게 된다(계 21:1-5; 사 65:17-25). 창조의 시작으로부터 세상의 종말에 이르기까지 유일하신 하나님께서는 역사의 주인이시며 그의 구원은 만물을 새롭게 하시는 새 창조 안에서 그 절정을 이룬다. 유일하신 하나님 만이 구속의 역사를 성취하시며 종결하실 수 있는 분이시다(계 21:6). 요한 계시록 22:13에서 예수 그리스도는 요한 계시록 21:6에서 사용된 하나님의 칭호(알파와 오메가, 처음과 마지막)를 자신에게 적용하시므로 새 창조와 종말론적 구원 사역의 궁극적인 성취자임을 드러낸다.

둘째, 하나님과 백성들과의 언약적 관계는 왕과 백성(계 21:3), 아버지와 아들의 관계(계 21:7)로 소개되고 있으며 언약의 갱신은 구속받은 하나님의 백성들에게 최고의 축복이 된다.[31] 셋째, 언약 백성들

---

30) 갈 3,4 장; 엡 1 장; 히 4 장; 계 21, 22장과 같은 신약의 본문들은 하나님, 백성, 기업과 같은 주제들을 더욱더 발전시키고 있다. 본 소고는 지면 관계상 계 21, 22장에 나타난 주제들과의 상관성만을 다루기로 한다.

31) Grant R. Osborne, *Revelation* (GrandRapids: BakerAcademic, 2002), 739-40. 오스본은 21:7절은 아브라함 언약(창 17:7)과 다윗 언약(삼하 7:14)을 요약한 문구하고 말한다. "나는 그의 하나님이 되고 그는 내 아들이 되리라

은 하나님 나라를 기업으로 상속할 것이다. 하나님께서 주시는 기업을 상속한다는 주제는 요한 계시록 21:7에서 발전되고 있다. 요한 계시록 21:7에서 "이기는 자들(호 니콘, Ὁ νικῶν)은 이것들을 상속으로 받으리라(클레로노메세이 타우타, κληρονομήσει ταῦτα)"고 언급하고 있다.[32] 이것들(ταῦτα)이 지시하는 것은 요한 계시록 21:1-6에서 언급된 새 하늘과 새 땅, 하나님의 임재, 언약의 갱신 등으로 특징 지워지는 하나님 나라를 가리킨다.[33] 요한 계시록 21:7,8은 기업을 상속할 자들에 대해서는 '이기는 자들'로 간략하게 표현하나 오히려 하나님 나라를 기업으로 상속하지 못할 자들에 대해서는 더 상세히 기록하고 있다: 두려워하는 자들, 믿지 아니하는 자들, 흉악한 자들, 살인자들, 음행하는 자들, 점술가들, 우상 숭배자들, 거짓말하는 자들이다. 특히 하나님의 말씀에 대한 순종은 새 예루살렘에 거주하며 종말론적인 기업을 누리는 자들의 삶의 중요한 표징이 된다(계 22:7, 18, 19).

요한 계시록 21:1-8는 하나님의 구원 사역의 최종 성취를 말하고 있으며, 하나님과 백성들과의 언약의 갱신, 그리고 언약 백성들이 상속할 기업인 하나님 나라에 대해 제시하고 있다. 즉 하나님의 구원 사역, 언약 백성, 기업(땅)이란 주제의 종말론적인 측면을 소개하고

(에소마이 아우토 떼오스 카이 아우토스 에스타이 모이 휘오스, ἔσομαι αὐτῷ θεὸς καὶ αὐτὸς ἔσται μοι υἱός)."

32) LXX에서 κληρονομέω(클레로노메오, 상속하다)은 히브리어에서 '기업을 상속하다' 라는 의미를 가진 ירשׁ(야라쉬)와 נחל(나할)에 해당하는 용어이다. 이 두 용어들은 신명기에서 하나님께서 땅을 기업으로 주신다는 문맥에서 자주 사용된다.

33) David E. Aune, *Revelation 17-22*, Word Biblical Commentary. Vol. 52c (Nashville: Thomas Nelson, 1998), 1129.

있다.

나가는 말

신명기 4:32-40에 나타난 하나님의 사역, 백성, 기업이란 주제들은 서로 긴밀하게 연결되어있다. 유일하신 하나님의 주권적인 택하심과 구원 사역을 통하여 출애굽을 경험한 이스라엘 백성들에게 하나님께서는 가나안 땅을 기업으로 약속하셨다. 하나님께서 가나안 땅을 언약 백성들에게 기업으로 주심은 전적인 하나님의 은혜이며 하나님께서 족장들과 맺은 언약을 이루시기 위함이었다. 그러나 하나님의 선물인 가나안 땅을 취하고 누리기 위해서는 하나님의 규례와 법도에 순종하여 언약 백성으로서의 책임을 충실하게 감당해야 한다.

가나안 땅은 언약 백성들이 하나님의 유일하심과 거룩하심을 드러내는 무대이며 언약 백성으로서 하나님과 이웃에 대한 책임을 감당하는 삶의 터전이다. 이러한 신명기 4:32-40의 신학적 주제의 패턴은 이사야 40-66장에서 다시 반복된다. 이사야 40-66장은 출애굽 모티프를 사용하여 유일하신 하나님의 구원 사역을 드러내고 있다. 또한 바벨론 포로 가운데 있는 백성들을 하나님의 택한 종으로 언급하고 이들에 대한 하나님의 은혜와 사랑을 제시하면서 하나님께서 이들을 바벨론 포로에서 구원하실 수 있음을 역설한다. 나아가 이방인들을 포함하여 하나님의 언약에 신실한 자들도 하나님의 언약 백성으로 편입이 되며 이들에게 땅과 하나님의 임재를 상징하는 거룩한 산을 기업으로 약속하신다. 이처럼 신명기 4:32-40와 이사야 40-66장에 나타난 하나님의 구원 사역, 언약 백성, 그리고 기업으로서의 땅의 주제는 서로 상관성을 보인다. 이사야서 본문은 신명기에 나타난 주제들을 더욱 더 확장시키며 새로운 뉘앙스를 주며 발전시킨다.

두 본문 사이에 나타나는 신학적인 패턴은 새로운 역사적 상황 속에서 그와 비슷한 적용을 할 수 있도록 길을 열어놓는다. 결국 알파와 오메가 되시는 예수 그리스도께서는 신실한 언약 백성들(교회와 성도들)에 대한 구속을 최종 완결시키시고 이들에게 종말론적인 새 하늘과 새 땅을 기업으로 주신다.

참고 문헌

Anderson, B. W., "Exodus Typology in Second Isaiah," in *Israel's Prophetic Heritage*. Edited by B. W. Anderson and Walter Harrelson. New York: Harper & Row, 1962.

Aune, David E. *Revelation 17-22*. Word Biblical Commentary. Vol. 52c. Nashville: Thomas Nelson, 1998.

Brown, Raymond, *The Message of Deuteronomy: Not by bread Alone*, 『신명기강해: 사람이 떡으로만 살 것 아니요』정 옥배 譯, 서울: 한국기독학생회 출판부1997.

Cahill, P. Joseph "The Unity of the Bible," *Biblica 65* (1984), 404-11.

Childs, B. S., *Isaiah*. Louisville: Westminster John Knox, 2001.

Christensen, Duane L., *Deuteronomy 1-11*, Word Biblical Commentary 6A, Dallas: Word Books, 1991.

Coggins, Richard J., "Do We Still Need Deutero-Isaiah?" *JSOT* 80 (1998), 72-92.

Els, P. J. J. S. "אהב." *NIDOTTE 1*, 277-99.

Gitay, Y. *Isaiah and His audience: The Structure and Meaning of Isaiah 1-12*. Studia semitica neerlandica 30. Assen: Van Gorcum, 1991.

Kitchen, K. A., *On the Reliability of the Old Testament*. Grand Rapids: Michigan, 2003.

Labuschagne, J. C. *The Incomparability of Yahweh in the Old Testament*. Leiden: Brill, 1966.

Levenson, Jon D., *Sinai & Zion: An Entry into the Jewish Bible*. New

York: Harper SanFrancisco, 1987.

Martens, Elmer A., *A Focus on Old Testament Theology*, 『새로운 구약 신학: 하나님의 계획』 김의원 譯, 서울: 아카페 문화사, 1994.

Mayes, A.D.H., "Deuteronomy 4 and the Literary Criticism of Deuteronomy" *JBL 100* (1981), 23-51.

McConville, J. G., *Deuteronomy*, Apollos Old Testament Commentary 5, Downers Grove: InterVarsity Press, 2002.

Merrill, Eugene H., *Deuteronomy*, The American Commentary, vol. 4. America: Broadman & Holman Publisher, 1994.

_______. "יסר," NIDOTTE 2, 479-82.

Miller, Patrick D., *Deuteronomy, Interpretation. A Bible Commentary for Teaching and Preaching*, 『신명기: 목회자와 설교자를 위한 주석』 김회권 譯, 서울: 한국 장로교 출판사, 2000.

Nicole, Emile "בחר," *NIDOTTE1*, 638-42.

Osborne, Grant R. *Revelation*. Grand Rapids: Baker Academic, 2002.

Oswalt, John N., *The Book of Isaiah: Chapters 1-39*. New International Commentary of the Old Testament. Grand Rapids: Eerdmans, 1986.

_______. *The Book of Isaiah: Chapters 40-66*. New International Commentary of the Old Testament. Grand Rapids: Eerdmans, 1998.

Pao, David W., *Acts and the Isaianic New Exodus*. WUNT 2. Tübingen: Mohr Siebeck, 2000.

Sailhamer, John H., *The Pentateuch as Narrative*, 『서술로서의 모세오경』 정충하 譯, 서울: 새순출판사, 1995.

Seitz, Christopher R., *Zion's Final Destiny: The Development of the Book of Isaiah*. Minneapolis: Fortress, 1991.

Wallis, "bha,"TDOT 1, 99-118.

Wright, Christopher J. H., *Old Testament Ethics for the People of*

God. Downers Grove: Intervarsity Press, 2004.

VanGemeren, Willem A., *The Progress of Redemption: the Story of Salvation from Creation to the New Jerusalem*. Grand Rapids: Baker Books, 1995.

Vos, Geerhardus, *Biblical Theology: Old and New Testaments*, 『성경 신학』 이승구 譯, 서울: 기독교 문서 선교회, 1993.

Zenger, Erich, "The God of Exodus in the Message of the Prophets as Seen in Isaiah," in *Exodus-A Lasting Paradigm*. Edited by Bas an Iersel and Anton Weiler; Edinburgh: T&T Clark, 1987.